高校创新创业教育改革与发展探究

徐 进 祁 曼◎著

文化发展出版社
Cultural Development Press
·北京·

图书在版编目（CIP）数据

高校创新创业教育改革与发展探究 / 徐进，祁曼著．
北京 ：文化发展出版社，2024．7．-- ISBN 978-7-5142-4385-7

Ⅰ．G640

中国国家版本馆 CIP 数据核字第 20247TL525 号

高校创新创业教育改革与发展探究

徐 进 祁 曼 著

出 版 人：宋 娜

责任编辑：袁兆英　　责任校对：岳智勇

责任印制：邓辉明　　封面设计：守正文化

出版发行：文化发展出版社（北京市翠微路 2 号 邮编：100036）

网　　址：www.wenhuafazhan.com

经　　销：全国新华书店

印　　刷：天津和萱印刷有限公司

开　　本：710mm × 1000mm　1/16

字　　数：203 千字

印　　张：11

版　　次：2025 年 1 月第 1 版

印　　次：2025 年 1 月第 1 次印刷

定　　价：72.00 元

I S B N：978-7-5142-4385-7

◆ 如有印装质量问题，请电话联系：010-58484999

前　言

在当今社会，创新创业教育被广泛认为是培养学生创新精神、创业能力和实践能力的关键途径之一。高校能够培养出社会需要的高新人才，因此高校对于人才培养的重要性不言而喻。然而，传统的教育模式往往偏重于传授理论知识，忽视了对学生实践能力和创新意识的培养，这已经不符合当今社会对人才的需求和发展要求。因此，高校创新创业教育改革与发展显得尤为紧迫和重要。

随着社会的不断发展和变化，创新创业教育的重要性日益凸显。过去的教育方式已经无法满足人才对知识的需求，因此高校需要积极探索新的教育模式和方法。创新创业教育不仅仅要注重知识传授，更要重视学生的实践能力、创新思维和团队合作能力的培养，以使学生能够适应未来社会的发展需求。为此，高校应该积极推动创新创业教育的改革与发展，引入更多实践性课程、创业实训项目和跨学科合作机会，为学生提供更广阔的学习和实践空间。通过这些举措，高校可以培养出更多具备创新精神和实践能力的优秀人才，为社会经济的持续繁荣和进步做出贡献。

综合而言，高校创新创业教育的改革与发展是当今时代的迫切需求。唯有通过持续创新教育理念和方法，培养更多具备创新精神和实践能力的优秀人才，方能更好地适应社会发展的需求，推动社会经济的持续繁荣和进步。当前社会变革迅速，对人才的需求也在不断演变。因此，高校必须着眼于培养具备创新意识和实践能力的学生，使其能够灵活适应社会变革，勇于创新、勇于实践。只有这样，才能推动社会经济的不断发展和进步。为实现这一目标，高校需要不断探索创新创业教育的新模式，更加注重培养学生的实践能力、创新思维和团队合作能力。通过引入实践性课程、开展创业实训项目、促进跨学科合作等举措，为学生提供更广阔的发展空间和实践机会。

本书共分为五章。其中，第一章为高校创新创业教育概述，分别介绍了高校创新创业教育的时代背景、高校创新创业教育的价值意蕴、高校创新创业教育的内涵及特点、高校创新创业教育的目标与内容四个方面的内容；第二章为我国高校创新创业教育的发展现状，分别介绍了我国高校创新创业教育的发展历程、我国高校创新创业教育的现状、当前我国高校创新创业教育的突出问题三个方面的内容；第三章为我国高校创新创业教育的国际经验借鉴，分别介绍了美国高校的创新创业教育、英国高校的创新创业教育、国外高校创新创业教育的经验与启示三个方面的内容；第四章为我国高校创新创业教育的改革创新，分别介绍了“融入式”创新创业教育、“广谱式”创新创业教育、协同机制视角下的创新创业教育、“数字时代”背景下的创新创业教育四个方面的内容；第五章为我国高校创新创业教育的未来发展，分别介绍了我国高校创新创业教育的发展趋势、我国高校创新创业教育体系的发展方向、我国高校创新创业教育路径的发展方向、我国高校创新创业教育模式的发展方向、我国高校创新创业教育未来发展的相关建议五个方面的内容。

在撰写本书的过程中，作者参考了大量的学术文献，得到了许多专家学者的帮助，在此表示真诚感谢。

本书内容系统全面，论述条理清晰、深入浅出，但由于作者水平有限，书中难免有疏漏之处，希望广大读者及时指正。

徐进

2024 年 1 月

目　录

第一章　高校创新创业教育概述

高校创新创业教育在当今社会扮演着关键角色，其改革与发展对于培养具备创新精神和实践能力的优秀人才至关重要。通过不断创新教育理念和方法、引入实践性课程、开展创业实训项目、促进跨学科合作等举措，高校可以为学生提供更广阔的发展空间和更多样的实践机会，从而适应社会发展的需求，推动社会经济的持续繁荣和进步。本章为高校创新创业教育概述，分别介绍了高校创新创业教育的时代背景、高校创新创业教育的价值意蕴、高校创新创业教育的内涵及特点、高校创新创业教育的目标与内容四个方面的内容。

第一节　高校创新创业教育的时代背景

一、创新创业教育是服务创新型国家建设的客观需要

开展高等教育的过程实际上也是将生产力和人才资源结合起来的过程，高校在科技创新的过程中发挥着重要的作用。高等教育是我国创新体系的一部分，因此高校应该从国家层面的发展策略出发，积极为国家未来的发展提供高质量人才的支撑。

（一）高校创新能力与社会需要还有较大差距

高校的专业学科体系较为完善，背后拥有的教学资源和实践资源更为丰富。但是，目前我国高校科技成果的转化率较低，仅占生产力的15%～20%，发达国家基本上能够达到60%～80%[①]。另外，我国高校对于创新创业型人才的培养力度有待提升，我国高校大学生的创业比重还不及欧美国家大学生创业比重的五分之一。

① 张庆祝．创业型大学视域下农林本科院校转型的路径及策略研究[M]．上海：上海交通大学出版社，2022．

（二）科技创新的带动作用还有着巨大的发展潜力

《教育部　财政部关于实施高等学校创新能力提升计划的意见》中明确要求，大学要按照“国家急需、世界一流”的要求……充分发挥高等学校多学科、多功能的优势，积极联合国内外创新力量，有效整合创新资源，构建协同创新的新模式与新机制，形成有利于协同创新的文化氛围……集聚和培养一批拔尖创新人才，取得一批重大标志性成果，成为具有国际重大影响的学术高地、行业产业共性技术的研发基地、区域创新发展的引领阵地和文化传承创新的主力阵营。《中共中央　国务院关于深化体制机制改革加快实施创新驱动发展战略的若干意见》（以下简称《意见》）提出：“加快实施创新驱动发展战略，就是要使市场在资源配置中起决定性作用和更好发挥政府作用……强化科技同经济对接、创新成果同产业对接、创新项目同现实生产力对接、研发人员创新劳动同其利益收入对接，增强科技进步对经济发展的贡献度……”《意见》喊出了我国高校应尽快、尽早实施创新驱动发展战略的口号，还指出了我国创新驱动发展战略的具体实践方向。我国的创新创业教育和《意见》的要求是基本一致的，因为这两者都在提倡创新导向和创新市场意识的重要性，只有在实践中落实协同育人的基本策略，才能够从根本上提高高校的实践与创新能力。

二、创新创业教育是推进高等教育综合改革的内在要求

潘懋元先生揭示了高等教育内部和外部规律的关系，并得出了这样一个结论：高等教育之所以能够实现健康发展的目标，最关键的是在发展过程中能够将外部和内部规律统一在一起。① 国外教育学者阿什比（Ashby）提出了这样一个论断：大学不仅是一代代人的文化传递，还能够在多变的时代环境中得以创新发展。② 在当前的发展阶段，高等教育所处的环境正在发生全面的变化。中国高校正处于时代的交叉口，在新机遇和新挑战的影响下，我们需要做出相应的战略抉择。

（一）高等教育外部环境正在发生深刻变化

我国的社会环境正在出现新的发展趋势。在政治方面，我国的改革进入了一个新的阶段，高校在改革的过程中应该尽量贴近社会改革发展的大趋势，让高等教育改革搭上社会领域综合改革的顺风车，将高校的教育治理能力和治理体系水

① 潘懋元．潘懋元文集[M]．广州：广东高等教育出版社，2020.

② 李和章，庞海芍．论大学素质教育[M]．北京：北京理工大学出版社，2022.

平提升到一个新的阶段；我国的经济发展也进入了新常态，高校的改革要结合国家经济和产业的发展趋势，随着产业结构的调整而调整，使高等教育能够符合经济生产方式转变的需求。高等教育对经济发展的突出贡献表现在为科学研究提供了高新人才方面。对我国文化强国和国家文化软实力建设的目标来说，高校不仅要引领文化的发展任务，还要将高校校园作为我国先进文化的源头。在未来的科技革命和产业革命中，高校能够起到为国家提供人力资源的作用，从而帮助我国在新一轮变革中占据发展的先机。在大数据和移动互联网快速发展的背景下，我国高校将成为社会发展的重要助推力，并在科技革命的影响下，实现办学形式、办学理念的创新。随着社会的发展，我国的人口结构将会发生较为深刻的变革，高等教育的宏观发展方向也会随之变化。一些办学优势不突出、自身学科建设薄弱的大学都会受到高等教育市场的深刻影响，甚至可能出现被迫退出教育市场的情况。

（二）高等教育内部呈现许多新特点

目前，我国大学已经进入了发展的新时期。截至2022年，我国共有普通高校3013所，各种形式的高等教育在学总规模达到4655万人，毛入学率达到59.6%。[①] 按照美国社会学家马丁·特罗（Martin Trow）教授的观点，我国正处在由高等教育大众化向高等教育普及化方向发展的阶段。[②] 我国高等教育面对的学生群体存在多元化的特点，高等教育的人才培养目标也产生了变化，培养对象不再是精英型的人才，高等教育课堂上传授的知识也越来越具有实用性。作为高等教育的主体之一，高校也开始结合市场的变化，对自身功能进行了重新定位，走上了另外一条发展道路。我国的高等教育不仅保留了精英高等教育机构的特点，还吸收了大众高等教育机构的发展实践经验。另外，高等教育进入了调整自身发展道路的新阶段。《关于进一步落实和扩大高校办学自主权　完善高校内部治理结构的意见》《教育部关于深入推进教育管办评分离　促进政府职能转变的若干意见》等一些文件中都论述了不同办学主体在高校教育发展进程中发挥的重要作用，为提升高校办学活力奠定了有力的基础保障。大学在经济、社会层面开始以更为独立的姿态出现，并积极结合不同类型的主体共同改革创新。

① 中华人民共和国教育部.2022年全国教育事业发展统计公报[EB/OL].(2023-07-05)[2023-12-10].http://www.moe.gov.cn/jyb_sjzl/sjzl_fztjgb/202307/t20230705_1067278.html.

② 徐超富.大学的多维审思[M].长沙：湖南师范大学出版社，2011.

第二节　高校创新创业教育的价值意蕴

一、创新创业教育是提高大学生创新创业能力的有效途径

为了发展一流本科教育教学学科，高校必须在日常的教育教学过程中，注重对大学生创新精神和创业综合能力的培养，最终的目的是培养出符合社会发展需要的、具有创业精神和创业意识的综合型人才。[①] 创新创业教育之所以能够培养大学生的创新创业精神，从根本上提升大学生的创新创业能力，其关键的举措就在于改变传统的创业课程的教学方式，随着社会的发展而更新创业课程的内容，创新这一教育类型的人才培养模式。高校要积极组织各项创新创业类活动，从根本上激发大学生的学习热情，让大学生在学习的过程中能够体会到创新创业课程的丰富性，满足学生提升个人综合能力的需要。在参与创新创业课堂的过程中，学生的研究能力、沟通能力和问题解决能力都能够得到质的提升。有学者对全国各地大学生创新创业训练计划项目负责人的访谈进行总结分析，提出了以下观点：参加大学生创新创业训练计划项目对于在校生来说，能够深刻影响他们对职业道路的选择，影响他们对专业知识的理解，在参与这些项目的过程中，学生也培养了自身的科研精神。[②]2007 年，教育部开始实施“国家大学生创新性实验计划”，这一计划的实施说明对大学生科研创新活动的培养已经提上了日程。另外，高校采用更为多元化的措施，努力将创新创业教育落实在人才培养的全过程之中，在多措并举的创业教育教学人才培养过程中，大学生的创新精神和创业能力将会得到显著提高，同时也能够达到为社会输送创新创业人才的目的。

二、创新创业教育是深化高校教育教学改革的重要抓手

创新创业教育综合了教学理念和教育模式为一体，并将人才培养计划、课程体系的创新、师资队伍的建设、课程教学内容的更新等方面综合在了一起。因此，我们可以看出，创新创业教育是一项系统化且构成非常复杂的系统工程，只要教

① 马永斌，柏喆．大学创新创业教育的实践模式研究与探索[J]．清华大学教育研究，2015，36（6）：99–103．

② 郭卉，韩婷，余秀平，等．理工科大学生参与科研活动的收获的探索性研究：基于“国家大学生创新创业训练计划”项目负责人的个案调查[J]．高等工程教育研究，2015（6）：59–66．

育体系内部的其中一个构成要素发生了改变，那么整个教育体系都会发生根本性的改变。在开展创新创业教育的过程中，不仅能够实现人才培养体系的宏观性重构，还能够落实教育教学改革的要求。最为根本的是，高校在开展创新创业教育的过程中，不仅能够对自身的建设与发展产生深刻的影响，还能够提升人才培养的质量。这就要求高校在开展创新创业教育之前，就要对创新创业教育的内涵有全面而深刻的了解，这样才能够将创新创业教育的改革效果落到实处。在“双创”（大众创业、万众创新）战略的发展背景下，政府各部门都提出了将创新创业教育作为高校深化教学改革的突破口，实现人才培养质量的有效提升。

三、创新创业教育是促进经济社会发展的有力引擎

高等教育的发展是我国经济得以持续健康发展的基石，高等教育能够为我国经济的发展提供高素质的人才。目前，我国经济也迎来了转型发展的关键阶段，对人才的需求也达到了一个高峰期。高校是创新人才的摇篮，在新的经济形势下，高校的关键任务就是培养出大批具有创新创业专业能力的高水平人才，这一任务也是高校在发展过程中必须面临的要求。因此，高校深化创新创业教育的相关举措，不仅能够满足现阶段我国经济发展转型的要求，还能够促进高等教育和经济社会的协同发展。我们可以说，创新创业教育已经成为国家级的战略举措，并能够为经济社会的发展提供强劲的动力。

第三节　高校创新创业教育的内涵及特点

一、高校创新创业教育的内涵

从“创新”角度来讲，根据著名经济学家约瑟夫·熊彼特（Jaseph Schumpeter）的观点，“创新就是生产要素的重新组合，将新机制引入生产体系，建立一种新的生产函数”[①]。从“创业”角度来说，依据管理学家刘常勇的观点，“创业是一种无中生有的历程，是创业者依据自己的想法及努力工作来开创一个新企业，包括新公司的创立、组织中新单位的成立，以及提供新产品或新服务，以实现

① 苏文捷．基于集团化扩张的学校竞争力研究[M]．沈阳：辽宁人民出版社，2010．

创业者的理想”[①]。可知，创新与创业是一脉相承、不可分离的。创新创业教育是以“创新”“创业”为主体的教育，但不能将其简单地理解为二者的相加，而是结合创新创业相关领域的研究，结合其他多种类的教育理念，提出的更为科学化的教育理念。创新创业教育实质上是一种公共性质的教育，能够为社会培养出具有基础性和通用性的人才。高校创新创业教育开展的目的不仅仅侧重于技能的提升，更是通过创新创业教育的实施，来提高学生的综合素质，既包括思维方面的优化，也囊括实践方面的提升。换句话说，作为一种新型的教育模式，创新创业教育培养的不仅是自主创业者，还包括从自身岗位的工作情况出发，对自身岗位进行创新的岗位创业者。创新创业教育对各行业工作的影响是广泛而深刻的。

学校类型的差异、受教育群体的不同，对于如何开展创新创业教育都会产生影响，作为创新创业教育的一个重要组成部分，高校创新创业教育有其独特之处。对于高校来说，创新创业教育是以高校学生专业技术水平较高的特点为出发点，在加强专业基本理论和基本技术教育的同时，通过一系列培养学生创新创业意识、知识、能力的创新教育活动，帮助学生掌握科学合理的知识结构，助力学生塑造良好的品质，全面提升学生的创新创业能力。

二、高校创新创业教育的特点

作为当今高等教育领域的重要组成部分，高校创新创业教育具有独特的特点和价值。其核心在于培养学生的创新意识和实践能力，以应对快速变化的社会需求和挑战。通过注重实践性教学和跨学科合作，高校创新创业教育为学生提供了更加贴近实际的学习环境和机会，培养他们成为具有创新精神和实践能力的未来领袖和创业者。

（一）注重培养学生的创新意识

在这个充满挑战和机遇的时代，创新已成为推动社会发展和经济增长的关键因素。高校创新创业教育通过引导学生挑战传统观念，激发他们的创造力和想象力，培养他们敢于尝试、敢于创新的精神，从而为未来的创新和发展奠定坚实基础。

① 刘国新，王光杰，等．创业风险管理[M].武汉：武汉理工大学出版社，2004.

（二）注重实践性教学

理论知识的学习固然重要，但只有将知识应用于实践中，才能真正理解和掌握。高校创新创业教育注重培养学生的实践能力，通过项目实践、实习实训等方式，让学生在实际操作中学习和成长，培养他们解决问题的能力和实践技能，为将来的创业和职业发展打下坚实基础。

（三）注重跨学科合作

在现代社会，问题往往是复杂多样的，需要跨学科的知识和技能来解决。高校创新创业教育鼓励不同学科之间的交叉融合与合作，让学生在跨学科的环境中学习和工作，培养他们的综合能力和团队合作精神，以灵活应对未来的复杂挑战。

（四）注重少数精英

我国高校大学生创新创业教育开始于创业大赛，从大赛参与的人数来分析，参加人数相对较少，大多数学生没有参加这类比赛的机会。从每一个高校设立的创业基金来分析，也只有少数学生的创业项目才能获得资助，大部分高校所关注的焦点一直是少数人的创业活动，而不是多数人的创业教育。在这种情况下，就形成了形式单一，缺乏多样性、系统性与层次性的特点，这对创业教育的实际效果必然带来负面影响，尤其是创新创业教育师资力量不足，选修创新创业教育课程的学生也相对较少。因此，我国的创新创业教育仍然是精英教育。

综上所述，高校创新创业教育以培养学生的创新意识和实践能力为核心，强调实践性教学和跨学科合作，同时提供广阔的发展空间和实践机会，旨在促进学生全面发展和社会进步。这种教育模式不仅有助于学生在未来的职业生涯中取得成功，还为社会的创新发展和经济繁荣注入了新的活力和动力。

第四节　高校创新创业教育的目标与内容

一、创新创业教育的目标

创新创业教育的目标应是立足于对学生的理论和实践教育，提升学生的创新创业意识、创新创业教育精神及创新创业教育能力。具体来说，创新创业教育的目标应当是通过理论知识的传授，培养学生的创新创业意识，进而培养出他们较强的创业能力，使其具有高度的社会适应能力，并在激烈的竞争中不断发展潜力，为顺利开展创业活动、最终实现自己开创性的事业的目标奠定基础。因此，在创新创业教育的过程中，除了讲授创新创业相关的理论知识，创新创业教育教师还要用先进理念和实战机会锻炼培养学生的创新创业精神与创新创业技能，从而使学生能独立地立足于社会，并最终打拼出属于自己的星光大道。

创新创业教育旨在将学生培养成为具备创新创业知识、创新创业品质的公民，培养成为具有独立个性、开拓精神的社会变革参与者。部分学生通过创新创业教育的实践获得了自主创业、自谋高校、创新致富的本领。因此，应把培养具有创新创业意识和能力的应用人才当作创新创业教育的最终目标。

二、创新创业教育的内容

（一）创新创业意识的培养

马克思主义告诉我们，物质是第一性的，精神是第二性的，物质决定精神；但是，精神对物质又具有能动的反作用。[①] 作为一种内在驱动力，创新创业意识对人的活动具有显著的指导作用。通过培养创新创业意识，学生能够清楚地认识到，实现自我价值的途径不仅仅是就业，自主创业也可以走出灿烂的人生道路。由此可见，要开展创新创业教育，首先要培养学生的创新创业意识。

意识是人的个性心理倾向，对人的发展起推动作用。作为创新创业素质的重要内容，创新创业意识主要由创业的需要、动机、兴趣和世界观构成。意识对物质具有能动作用，因此创新创业意识也影响着创业者的动机、态度与行为。对于高校大学生而言，创新创业意识对他们的创业态度和行为影响尤其深刻。培养大学生的竞争意识、创新意识、诚信意识、责任意识、敬业意识与合作意识，是创新创业教育的重要任务。在培养高校大学生自主创业意识的过程中，要把思想教育工作放在首位，激发他们的创业兴趣和激情，帮助他们端正创业思想、树立正确的创业意识，使他们敢于乐于创业、善于创业。

（二）创新创业精神的培养

创新创业精神的培养不是一蹴而就的，在开展创新创业教育过程中，高校应

① 中共山东省纪律检查委员会研究室．党的纪律检查工作手册[M]．济南：山东人民出版社，1987．

当着重考虑塑造学生的创新创业精神，使其能够在工作中更有参与性和创造性，能够保持斗志昂扬的精神面貌和百折不挠的意志力。创新创业精神包括艰苦奋斗精神、团队合作精神、敬业精神、开拓进取精神。

艰苦奋斗是一种不畏艰难、奋发图强的顽强精神品质，是中华民族五千多年来一直提倡的民族精神，是优良的文化传统。在创业过程中，难免会遇到重重困难与挫折，艰苦奋斗是创业者应该具备的精神。当前，部分学生从小就是整个家庭的中心，家长会包揽其生活中的所有困难。创业要取得成功，就必须学会艰苦奋斗，积极应对各种困境，把创业中遇到的挫折看作铺路石，勇往直前。

团队合作精神并不意味着对个人个性和兴趣的舍弃，而是结合学生的个人需要，达到共同协作的目的。团队合作精神提倡的是团队内的成员能够将个人利益和集体利益统一起来，提高团队的凝聚力，共同完成团队制定的目标，实现团队的高效运转。

敬业精神指的是对某件事情或某个职业的热爱而由此产生的全身心投入的状态，是对工作的一种道德要求，其本质是无私奉献。敬业精神也体现出了个体的责任心和事业心，是一种具备思想境界的职业道德，其中也蕴含着个体积极向上的工作态度。具备敬业精神的人能够深入理解自己在工作上的付出，并将这些付出看作自身的光荣。在敬业精神的武装下，学生能够在工作过程中积极运用正确的价值观指导自己的工作活动。

开拓进取精神是一种积极向上的、立志成功的状态。“进取”是怀揣理想，从细微之处出发，立足本职工作，认真做好手中的事，精益求精，从而实现自我价值。创业活动不是一成不变的，它需要根据市场形势不断突破，尝试通过运用各种方法来不断推进创业活动的开展，从而实现人生价值。高校进行创新创业教育，就要鼓励学生敢于突破现状，摆脱传统思想观念的束缚。培养学生的开拓进取精神，就是要教会学生在实践中把握机会，积极争取、敢于创业，学会发展自我、挑战自我、勇往直前。

（三）创新创业品质的熏陶

品质实际上是一种由人的先天性格和后天环境共同决定的、能够调节人的心理状态和实际行动的个性心理特征。创新创业品质的熏陶过程实际上能够有利于个体的个性发展，也有利于推动整个社会的进步。这种品质的培养不仅仅关乎个人的成长和成功，更关系到整个社会的创新力和竞争力。创新创业品质的熏陶旨在培养个体具备创新思维和勇于实践的品质，强调团队合作和跨界学习，以促进自我成长和社会创新的良性互动。

首先，创新创业品质的熏陶着重于培养创新思维和勇于实践的品质。创新思维是指个体对问题和挑战的独特见解和解决方案，是推动社会进步和科技发展的关键。通过创新创业教育，学生能够培养敏锐的洞察力和创造力，勇于挑战传统观念，不断探索和尝试新的可能性，从而在竞争激烈的环境中脱颖而出。

其次，创新创业品质的熏陶强调团队合作和跨界学习。在当今社会，复杂的问题往往需要多方面的知识和技能来解决，而团队合作和跨界学习能够汇聚不同领域的优势，促进创新和进步。通过与他人合作，个体可以学会倾听和尊重他人意见，培养团队协作和沟通能力，共同实现更大的价值和目标。

此外，创新创业品质的熏陶有助于促进个体的自我成长和社会创新的良性互动。在追求创新创业的过程中，个体不仅可以不断挑战自我、提升自身的能力和素质，还可以为社会创新和发展贡献力量。通过与社会互动，个体可以更好地理解社会需求和趋势，找到自己的定位和价值，实现个人价值与社会价值的有机结合。

总的来说，创新创业品质的熏陶对学生的成长和社会的发展至关重要。通过培养创新思维和勇于实践的品质，强调团队合作和跨界学习，促进自我成长和社会创新的良性互动，学生可以在竞争激烈的环境中脱颖而出，为社会的创新和进步注入新的活力和动力。因此，创新创业品质的熏陶不仅仅是学生发展的必经之路，更是社会发展的关键支撑，应得到更多的重视和推广。

（四）创新创业能力的训练

创新创业能力是决定创业成功与否的关键，体现着一个人的综合素质。创新创业能力实际上包含了以下众多类型的能力。第一，团队的领导能力。创业者作为企业的领导，需要做出团队的决策，并给出重要的意见。在经济环境快速变化的当下，团队的领导更多的是扮演一个引领者的作用。第二，协调不同事务的能力。一名成功的创业者不仅要带领自己的团队走向成功，还应该起到协调企业内部各项事务的作用。只有企业内部关系和睦，创业活动才有可能获得成功。第三，学习能力。正所谓“活到老，学到老”，创业者只有不断学习，才能获取最新知识，才能在激烈的竞争中不被社会淘汰。学习能力包括获取知识的能力和转化应用知识的能力。第四，创新能力。当前，在我国提出的五大发展理念（创新、协调、绿色、开放、共享）中，创新居于首位，可见创新在推动国家经济发展中的重要作用。创新是历史进步的动力和时代发展的关键，为紧跟时代的脚步，创业者不仅要具备创新创业的意识和能力，还要结合具体的实践检验自己的各项决策。在创新的过程中，不仅要从管理层面出发进行组织上的创新，还要对不同类型的技术进行创新。创新创业教育不仅仅强调创业精神和创业意识，更重要的是要将这些融入创业实践，在实践中实现人生价值。

第二章　我国高校创新创业教育的发展现状

我国高校创新创业教育在近年来取得了长足的发展，呈现出积极向好的发展态势。政策支持力度加大、教育资源不断优化、校企合作日益密切等方面的变化，为培养具有创新创业品质的人才提供了更好的平台和机会。本章为我国高校创新创业教育的发展现状，主要介绍了三个方面的内容，依次是我国高校创新创业教育的发展历程、我国高校创新创业教育的现状、当前我国高校创新创业教育的突出问题。

第一节　我国高校创新创业教育的发展历程

一、我国高校创新创业教育的萌芽

我国的创新创业教育最早的称谓是创造教育，这是我国高校创新创业教育的萌芽，其教育思想提出于 1917 年，“五四”运动前后是中国创造教育讨论的繁荣期。陶行知对教育领域的贡献不仅体现在对教育思想的整合，还创新了教育实验的内容。陶行知对教育思想的整理与讨论影响了 20 世纪三四十年代的中国，他在那时发表了《创造的教育》《创造宣言》《创造的儿童教育》等教育学文章。他将创造教育的相关理论引入了生活教育和儿童教育中，这一举措实际上促进了创造教育相关理论在中国的本地化发展。随着改革开放的进一步深入，创造教育也在全国范围内开始实行。我国国内创造学机构的成立比创造学研究和创造教育的确立时间要早。创造学机构的成立标志是 1985 年 10 月中国发明协会的成立，创造学研究和创造教育的确立则是在 1988 年，标志是中国创造学会的成立。在 1992 年，中国发明协会下设了一个中小学创造教育研究会，这一研究会的成立也标志着我国中小学正式进入了发展的轨道，创造教育也迎来了新的发展阶段。在这个发展阶段中，创造教育也开始对高等教育的教学产生影响。1995 年，中国发明协会下设了高校创造教育分会，其主要活动是定期组织各大高校参与教育研讨会。我们在分析创造教育在中国的具体发展进程时，必须结合我国的实际国情，因此创造教育不是一个局限在教育内部的教育活动，它和社会思想文化的发展过程是密不可分的，需要全社会都参与这一建设过程。

1998 年，“创新教育”思想被中央教育科学研究所正式提出。中央教育科学研究所随后和其他省市的教育研究机构一起，在义务教育阶段和高等教育阶段都进行了创新教育的研究和实验活动，从而促进了教育的发展与变革。从 1999 年开始，全国各大主流媒体都开始采用“创新教育”的概念。

1988 年，我国学者胡晓风提出了我国适用的创业教育概念内容。在这一教育思想的影响下，当时的四川省合川县（今重庆市合川区）开展了“生活教育整体试验”的活动，并将不同学段的教育都纳入了实验的范围之内，从而得到了广泛而多样的实验样本。在这一研究的基础上，我国众多学者对创业教育的内容进行了总结与诠释：“创业教育就是在人生历程之中进行创造和职业相结合的教育。”创业教育以培养合理的人生为宗旨，要培养三方面基本能力，即培植生活力、培养劳动力、发挥创造力；遵循三原则，即科技、教育、经济相结合；德育为本、创业为用；学问与职业一贯。科学地界定了创业教育的内涵、目标、原则，非常成熟和系统。①

在 1990 年到 1991 年这个时间节点内，国家教育委员会基础教育司劳技处组建起了国家协调组，并以北京市为核心，结合江苏省、湖北省、四川省、河北省、辽宁省的资源作为一个项目单位，参与了联合国教育、科学及文化组织举办的“提高青少年创业能力的教育联合革新项目”。从 1992 年到 1995 年这三年的时间内，江苏省的创新教育相关研究在国家教育科学规划的影响下，开展了创新教育领域的研究。因此，我们可以将 1990 年到 1995 年的创新教育活动总结为：主要的实践活动集中在继续教育、基础教育和职业教育的领域。在实验和研究活动的推动下，我国创新教育的概念和相关领域的理论已经确定下来。

二、我国高校创新创业教育的兴起

我国学术界对我国高校创新创业教育的起点和与之相对应的标志性事件持有不同的意见，可以将这些意见分为两派。一派认为，1997 年清华大学创业计划大赛是我国高校创新创业教育的起点，正是这一计划大赛拉开了我国创业潮的序幕。

---

① 胡晓风．创业教育：教育整体改革的新构思[M]．成都：四川教育出版社，1989.

但是，有学者认为1997年确实是我国高校创新创业教育的开端，不过高校创新创业教育开始的年份和标志性事件不匹配。因为清华大学首届创业计划大赛的实际开始时间是1998年5月。学者们认为这一说法是不够准确的。另一派认为，我国高校创新创业教育的起点是1998年，因为1998年5月清华大学举办了创业计划大赛，虽然标志性事件的年份是正确的，但是却让我国高校创新创业教育的起点延后了一年。由此可见，这一说法也是存疑的。

本书认为，1997年是我国高校创新创业教育的正式起点，清华大学开设的创新与创业方向课程标志着我国创新创业教育的开始。原因主要有两点：第一，在《创业教育在中国：试点与实践》中提到过："1997年，清华大学经济管理学院最早在国内MBA培养计划中设立专业方向，在MBA项目中开设了创新与创业方向，中心的成员是创新和创业课程的教员。"① 因此，根据官方文件的记录，我们可以将中国高校的创新创业教育开始的年份定为1997年。第二，根据我国学者雷家辅教授所说：1997年，清华大学就开始了"创新与创业管理"这门课程的教学活动，虽然这门课程直到次年才得到批准，但是这门课程在1997年已经算是存在了。因此，本书认为，可以将清华大学开设"创新与创业管理"课程作为高校创新创业教育的标志性事件。

三、我国高校创新创业教育的发展

虽然我国高校创新创业教育的发展时间不长，但是到目前也经过了四个主要的发展阶段。

（一）高校自发探索阶段

1997年，我国一些高层次高校开始了自主的创新创业教育探索，这样的探索活动是有利于创新创业教育自我发展的。2002年，我国高等教育的毛入学率第一次达到了15%以上，这一数据也说明了我国高等教育开始进入大众化阶段。②2002年4月，我国教育部召开的创新教育工作座谈会就根据这一发展局面，明确指出了高等教育未来的发展方向：高等教育不仅要提升人才培养的质量，还要提升人才对社会的适应性，同时也要提升学生的创业能力、创新精神和创新意识，这样

① 中华人民共和国教育部高等教育司．创业教育在中国：试点与实践[M]．北京：高等教育出版社，2006.

② 张继龙．高等教育大众化理论的解读方式与性质透视[J]．河北科技大学学报（社会科学版），2018，18（2）：88–93.

的做法从根本上提升了高校的探索成效。

（二）教育行政部门引导下的多元探索阶段

2002 年 4 月，教育部高等教育司召开普通高校创业教育试点工作座谈会，确定了清华大学在内的九所高校作为“创业教育试点”，由此拉开了创新创业教育在高校试点的实践序幕。在试点工作的过程中，出现了三种主要的教育模式，分别是以课堂教学为主导的创新创业教育模式；以提升学生自主创业、创业实践技能为重点的教育模式；为学生提供全方位支持与服务的综合型教育模式。2008 年，教育部继续立项了多个用于培养创新创业教育人才的试验区，并取得了一定的建设成果。

（三）教育行政部门指导下的全面推进阶段

2010 年，随着创新创业教育工作的深入推进，我国教育部制定了首个与创新创业教育相关的全局文件——《教育部关于大力推进高等学校创新创业教育和大学生自主创业工作的意见》。教育部综合了企业家、单位专家、高校教师和有关负责人等多方力量，创立了“教育部高等学校创新创业教育指导委员会”。这一委员会遵从教育部的领导，对高校创新创业教育工作展开咨询、指导和评估等工作。教育部将高等教育司、科技司、高校学生司、全国高等学校学生信息咨询与就业指导中心四个部门的力量综合在一起，形成了整体化的发展格局。2012 年 8 月，教育部印发了《普通本科学校创新创业教育教学基本要求（试行）》，在这个要求内对创新创业教育的教学要素进行了综合，促进了高校创新创业教育的建设工作开展，推动了“政府促进创业、市场驱动创业、学校助推创业、社会扶持创业、个人自主创业”新局面的形成。

（四）国家统一领导下的深入推进阶段

近几年来，“以创带就”和“大众创业、万众创新”两个主要的政策影响着创新创业教育的发展进程。第一，“以创带就”。党的十七大报告明确提出了“实施扩大就业的发展战略，促进以创业带动就业”的战略方针，指出：“完善支持自主创业、自谋职业政策，加强就业观念教育，使更多劳动者成为创业者。”在这一政策导向的影响下，我国高校的创新创业教育将发展的重点转移到带动就业的目的上来，并从社会和谐发展的目的出发，将“自主创业”确立为灵活就业的主要方式。这一政策的实施也缓解了大学生就业的燃眉之急。第二，“大众创业、万众创新”。2015 年的《政府工作报告》中就将“大众创业、万众创新”作为推动经济发展的重要动力之一。在文件中明确指出了“大众创业、万众创新”的重要作用，主要体现在增加就业来源、提升居民收入水平、实现社会财富的合理分配和社会制度的公平和正义。从社会角度来说，应该为创新创业个体营造一个创业和创新的文化氛围；从个人和企业的角度出发，各主体应该积极投身于创新创业的实践活动中，让人们在实现财富增长的同时，追求个人价值的实现。在这之后，我国迅速兴起了“大众创业、万众创新”的发展浪潮，在这一社会氛围的影响下，2015 年，国务院颁布了《国务院办公厅关于深化高等学校创新创业教育改革的实施意见》，在这一意见中指出了国家实施创新驱动发展战略的必要性，并提出了创新创业活动与经济高质量发展、高等教育改革和高校毕业生实现高质量创新创业的关系，明确了高校在创新创业教育改革中的改革任务和改革的具体举措。国务院颁布的这一文件本质上也说明了我国改革发展的新阶段和新思路。在这一新的发展阶段中，我国的高校创新创业教育被赋予了更为深刻的意义，教育的目标从“带动就业”发展为促进“大众创业、万众创新”，为经济社会发展带来新的发展潜能。

2018 年 9 月 18 日，国务院发布了《国务院关于推动创新创业高质量发展打造“双创”升级版的意见》，标志着我国创新创业政策迈向新的高度。随着各类创新创业政策的陆续出台和实施，我国高校创新创业教育迎来了蓬勃发展的机遇，创新创业已经成为我国高等教育发展的重要理念之一。在这一政策引领下，高校创新创业教育得到了更多的支持和重视。各高校纷纷加强创新创业教育的体系建设，推动学生创新创业意识的培养，激发他们的创新潜力和创业热情。通过开设创新创业课程、举办创业大赛、设立创业孵化基地等举措，高校为学生提供了更多实践机会和资源支持，促进了学生创新创业能力的提升。

2019 年，教育部高等教育司发表了题为《深化高校创新创业教育改革有关情况》的文章，其中汇总了我国创新创业教育的发展现状：教育部会同国家发展和改革委员会，在全国建设了 19 个高校“双创”示范基地，建设了 200 所创新创业教育改革示范高校，中央财政也大力支持创新创业教育改革示范区的建设。在教学课程的开展层面，着力打造创新创业教育线上线下“金课”，目前全国累计开课 2.8 万余门，各示范校开设 2800 余门线上线下课程，实现了创新创业教育课程体系的全面发展。另外，我国自 2015 年开始举办的“互联网 +”大学生创新创业大赛在全国范围内实现了普及化的发展。这一平台起到了促进和深化我国高校创新创业教育实施进程的作用。大赛平台实际上为大学生的创新创业活动提供了一个展示的机会。相关的调查结果显示：赛后成立公司的项目中，近 90% 是赛后第一年成立，有一半左右的公司完成融资，19% 的项目完成 5000 万元以上的融资。实践类项目 2018 年的年收入在 5000 万元以上的占比为 13%，最高的项目年收入突破 2 亿元。①

2019 年 10 月 8 日，教育部发布了《教育部关于深化本科教育教学改革全面提高人才培养质量的意见》，其中明确规定了创新创业的主体应该如何参与教育改革的进程。这一文件指导了对不同类型课程的挖掘方法，以及如何将创新创业的教育资源落实并贯彻到每个教学环节中。教育部在这一文件中强调了创新创业教育的重要性，通过深化创新创业教育改革，高校将更加注重整合和优化创新创业教育资源，促进创新创业教育与学科教育、实践教育的融合。这一举措旨在培养学生成为具有创新精神和实践能力的复合型人才，适应社会发展的需求。同时，教育部要求各高校建立创新创业示范高校，通过示范引领和示范带动，推动创新创业教育的全面发展。此外，还要建立万名优秀创新创业导师人才库，培养更多具有创业经验和创新能力的导师，为学生提供更加优质的创新创业指导和支持。这为本科教育教学改革注入了新的动力，将进一步推动我国高等教育向着更加质量化、创新化的方向迈进，为培养更多具有创新创业精神的优秀人才奠定坚实基础。

2022 年 6 月 8 日，国务院发布了《关于印发＜中央专项彩票公益金支持大学生创新创业教育项目资金管理办法＞的通知》，旨在规范和支持大学生创新创业教育项目资金的管理和使用，以提高资金利用效率，确保项目实施效果的最大化。这一通知的出台标志着国家对大学生创新创业教育的重视和支持。中央专项彩票公益金的支持，将为大学生创新创业教育项目提供更为稳定的资金来源，促进项目的开展和发展。在《中央专项彩票公益金支持大学生创新创业教育项目资金管理办法》的指导下，大学生创新创业教育项目将更加规范和透明地进行资金管理，避免资源浪费和滥用的情况发生，提高资金利用效益。同时，通过对项目实施效果的监督和评估，可以及时发现问题并采取措施加以解决，确保项目能够取得预期的成效，为大学生提供更好的创新创业教育资源和支持。这一举措将进一步推动大学生创新创业教育的发展，激发青年学子的创新创业热情，培养更多具有创新精神和实践能力的优秀人才，为我国的创新驱动发展和人才培养工作注入新的活力和动力。

---

① 教育部高等教育司．深化高校创新创业教育改革有关情况 [EB/OL]．(2019-10-10) [2023-12-10].http：//www.moe.gov.cn/fbh/live/2019/51300/sfcl/201910/t20191010_402414.html.

当前，全国各个省份都在深入落实党中央、国务院关于支持大学生创新创业的决策部署，扎实推进高校创新创业教育改革。以天津市为例，为完善“双创”教育机制，激发体制机制“内生力”，天津市实施了“创新创业教育高地攻坚行动”，先后出台《关于贯彻落实深化高等学校创新创业教育改革的实施意见》《关于进一步加强高等学校创新创业教育改革措施》等文件，强化“双创”教育制度机制保障。为优化“双创”教育课程，增强课程体系“智驱力”，天津市积极打造“双创”课程体系，将创新创业教育纳入人才培养全过程、各方面。截至2022年，天津市的29所本科高校设置创新创业教育必修学分，开设创新创业教育课程766门，2021—2022学年选课人次达24万。着力培育建设市级“金课”，2022年评选出10门天津市首届高校就业创业“金课”和85门天津市创新创业教育特色示范课程，带动创新创业教育课程建设质量不断提升。不仅如此，为搭建“双创”教育平台，夯实实践平台“支撑力”，天津市在2021—2022学年建立高校校内创新创业教育实践平台188个，高校与行业企业建立校外创新创业实践教学基地943个，实施创新创业项目9404个，孵化落地406个，融资8600余万元，带动就业2100余人。打造区域性创新创业人才培养示范区，认定2个“双创”学院为市级创新创业学院建设单位，10个实践基地为市级创新创业教育实践基地建设单位。截至2023年5月，共有44所高校创办48家市级众创空间，其中23家被评为国家级众创空间，平均每年开展创新创业活动500余场次。天津市还构建了“国家—市—校”三级大学生创新创业训练项目实践平台，连续十年组织实施“大学生创新创业训练计划”项目，全市“大学生创新创业训练计划”项目立项4万余项，其中国家级项目8115项、市级项目9675项、校级项目2.2万余项，参与学生16万余人，累计投入经费超过2.5亿元。搭建“双创”竞赛实践平台，每年举办中国国际“互联网+”大学生创新创业大赛天津赛区比赛、“海河英才”创新创业大赛等“双创”赛事10余项，坚持以赛促学、以赛促训，不断提升学生创新创业能力。[①]

① 天津市教育委员会．天津市坚持“五力并举”深入推进创新创业教育改革[EB/OL].(2023-05-12)[2023-12-10].http://www.moe.gov.cn/jyb_xwfb/s6192/s222/moe_1733/202305/t20230512_1059340.html.

第二节　我国高校创新创业教育的现状

2003年起，我国出台了一系列和高校大学生毕业后创新创业活动有关的官方文件。高校创新创业教育历经多年的发展，也获得了不俗的成就。到2015年，国务院更是颁发了专项官方文件——《国务院办公厅关于深化高等学校创新创业教育改革的实施意见》来落实创新创业教育的发展举措。虽然我国高校创新创业教育的发展取得了举世瞩目的成就，但我们也应该清醒地认识到，在取得成绩的同时仍然存在一些不可低估的问题，形成了我国创新创业教育的困境。

一、创新创业教育体系基本形成

（一）创新创业教育目标体系

建立完善的创新创业体系，首先要完善其目标体系，完全弄清楚高校的创新创业的目标是什么。我们知道，"创新"是指对现有已知的事物进行重新组合、改造或延伸，从而创造出不同于原事物（通常是指优于原事物）的新事物的过程；"创业"是有目的地将各种主要要素（包括各种相关要素）通过创新的方式综合起来的某种经济活动。在高校创新创业教育中，创业活动的作用是丰富学生的创新创业知识，培养其创新创业精神，健全其创新创业心理，提高其创新创业能力。

如今，我们已经有了较为完善的创新创业教育目标体系，为培养具有创新精神和创业能力的人才提供了坚实基础。创新创业教育目标体系的建立不仅有助于激发个人的创新潜能，还为社会经济的可持续发展注入了新的活力。当前的创新创业教育目标体系体现在其明确的培养目标和导向上，过去人们对于创新创业的认知可能仅停留在理论上，而现在我们已经明确了培养具有创新精神和创业能力的人才是创新创业教育的根本目标。这一目标的明确使教育工作者能够更有针对性地设计课程和活动，帮助学生培养创新思维和实践能力。通过设立明确的培养目标和导向，我们为学生的成长和发展提供了清晰的指引，帮助他们更好地适应未来社会的需求。

另外，现在的创新创业教育目标体系体现在多元化的培养途径和方法上。创新创业教育不再局限于传统的课堂教学，而是通过多种形式的培养途径和方法帮助学生全面发展。这为培养具有创新精神和创业能力的人才提供了坚实基础，为社会经济的可持续发展注入了新的活力。未来，我们还需继续不断完善和发展创新创业教育目标体系，为培养更多具有全球竞争力的创新创业人才做出更大的贡献。

（二）创新创业教育课程体系和实践教学体系

目前，我国高校创新创业教育已经有了较完善的教育体系，这个体系主要包括课程体系和实践教学体系两部分。实践教学体系需要课程体系作为前提和支撑。

1．课程体系

在创新创业教育的实施过程中，我们应该积极运用本专业的教育理念，并将其与创新创业教育理念结合在一起，实现在专业教育过程中贯穿创新创业教育的目标，实现对学生创业精神的启发。在课程教学中，学生不仅能够提升对于自行开展创新创业活动的信心，还能够在实践活动中锻炼自己的创新精神和创业能力。如今，高校创新创业教育课堂中一般会遵循两个基本原则：第一，课程教学内容的设计必须结合本专业的课本知识，并结合创新创业教育的相关理论，设计课程内容的具体编排方式；第二，在制定教学内容时，应该从大学生的群体特点和个体的发展兴趣出发。

（1）创新创业教育的课程内容体系

①意识培养。在经济发展的转型期，学生更应该提升自己的创新创业意识，意识到创新创业活动对经济发展做出的贡献。学生应该意识到创新创业活动不仅能够符合国家和社会发展的需要，还能够促进自我价值的实现。

②品质熏陶。在对学生进行创新创业教育的过程中，高校还应注重培养学生个人的责任心和意志力，提振学生对自己开展创新创业活动的信心。学生不仅应该具有尝试的勇气，还应该能够经受住创新创业活动失败的后果，从而达到培养自身良好性格和强大意志力的效果。

③知识积累。大学生所取得的创新创业知识并不是从天而降的，而是在持续的学习活动中不断积累而来的。创新创业知识的获得需要学生结合一定的专业知识和基础背景，把握专业领域的未来发展方向，从领域的发展现状开始学习。除专业领域的有关知识外，学生在学习的过程中还应该掌握管理企业、把握市场发展动向等方面的知识。这些知识的积累和创新创业知识是相互渗透、相互影响的良好关系。

④能力提升。在开展创新创业活动的过程中，学生的综合能力会受到考验。创新创业活动中需要的综合能力是指创业者不仅能够完成自己负责的工作内容，

还能够在工作中和其他人员建立良好的合作关系。只有学生具备了一定的团队精神，其管理的团队和企业才能够克服重重阻碍，完成创新创业的目标。

⑤方法指导。创新创业活动是有规律可循的，在开展活动的过程中应该从思维的方式方法入手。结合相关课程，为学生提供专业理论上的指导。学生还可以从创业成功的案例中汲取经验，提前熟悉创业的各项环节和企业管理的基本要求。通过对经验的总结和概括，提升自身创业的成功率。

⑥法德教育。法德教育覆盖的范围十分全面，不仅包括对基本的法律法规和政策文件的介绍，还负责讲述不同部门的规章和制度内容。法德教育是高校开展创新创业教育中最容易被忽视的一个环节。随着经济发展转型期到来，改革开放的层次也将更加深入，大学生在创新创业的过程中可能会受到拜金主义和功利主义的影响，做出违背法律和道德规定的决策。

（2）创新创业教育的课程结构体系

学科与知识课程、活动与实践课程、环境与隐性课程是创新创业教育课程体系的主要构成。

①学科与知识课程。在学科与知识课程的范畴内，还可以具体分为两种主要的课程，分别是核心课程和外围课程。核心课程指的是与创新创业教育紧密相关的学科知识，外围课程主要指的是创新创业教育相关领域的专业知识（如法学、心理学、管理学等）。外围课程包含的范围是十分广泛的。创新创业教育开设学科与知识课程的目的是丰富学生的知识体系。

②活动与实践课程。在高校内开展创新创业教育的目的是加深学生对专业知识的了解，并在实践的环节中融入创新创业的活动，提升学生的实操能力。活动与实践课程的开设能够让学生在课堂中积累创业的知识，从而为自身综合能力的培养做好铺垫的工作。

③环境与隐性课程。校园“硬物质”和文化“软环境”是开展创新创业环境与隐性课程的关键因素。在校园“硬物质”方面，主要体现为校园内的文化长廊、宣传橱窗等，教师可以将部分已经获得一些成就的典型例子放在宣传橱窗里。在文化“软环境”方面，可以在高校的环境和氛围内宣传创新创业教育的内容，从而为创新创业教育的开展奠定良好的氛围基础。良好的学习氛围、积极向上的学习风气、师生之间的良好关系都能够给教育的发展带来正面的影响。文化“软环境”能够以其独特的形象符号给学生带来影响，从而成为创新创业环境中的重要构成。这些文化“软环境”因素能够为学生提供一个良好的创新创业氛围，从潜在的角度对学生的意识产生积极的影响。

（3）创新创业教育的课程时间体系

知识的学习不是一蹴而就的。创新创业教育应该渗透进大学生的全部学业过程中，如果想要达到良好的教育效果，就需要合理安排创新创业教育的课程结构，从而形成大学生创新创业教育的课程时间表。对于刚进入大学的学生来说，就业的事情还很遥远，他们也不了解创新创业的内容和环节。因为行动是由意识决定的，所以在大学一年级，应该先让学生对创新创业教育有一个大致的了解，在初始的了解阶段，主要是培养学生的创新创业意识。在学生升入大学二年级之后，高校就可以在课程体系中加入一些创新创业专业水平较高的基础课程，这种课程体系直到大学三年级才会出现变化；同时，我们可以引导大学二年级的学生多参与一些和创新创业教育相关的报告会和分享会，与具有创新创业经验的专业人士交流，增长自己的经验和见识。一些实践能力较强的大学二年级学生已经开始积极参与各种类型的创新创业大赛，实现从理论到实践的转化。对于快要实习和毕业的大学三年级和大学四年级的学生来说，除继续专业课程的学习之外，应该将主要的精力放在个人综合能力的提升上。

2. 实践教学体系

从高校创新创业教育的实践层面来说，专业教育和创新创业教育都是实践教学体系的重要构成部分。专业教育和创新创业教育的结合在于将学生掌握的专业知识和创新实践能力综合在一起，培养学生的创新创业精神，促进学生个人能力的发展。在这一实践教学体系的实行过程中，我国高校的创新创业教育机制起到了基础和保障性的作用，结合了创新创业教育的根本机制，促成了学生的社会化进程。

（1）实践教学实施平台

如今，很多高校已经建立了创新创业教育活动体系，拥有了实践教学实施平台。

①校内实践平台体系。当下，高校教育已经不再局限于传统的课堂教学，而是越来越注重培养学生的实践能力和创新精神。在这一背景下，很多高校已经建立了校内实践平台体系，为学生提供丰富多样的实践机会和资源支持。这一举措不仅有助于学生将理论知识转化为实际能力，还能够促进学生全面发展，为他们未来的职业发展奠定坚实基础。

目前，高校为了提供更好的实践机会，积极建设各类实践平台，涵盖实验室、创客空间、孵化器、实训基地等多种形式。这些实践平台不仅配备了先进的设备和技术，还提供了丰富的实践项目和活动。学生可以在这些平台上开展科研项目、创业实践、社会实践等活动，锻炼自己的实践能力和培养团队合作精神。通过丰富多样的实践资源，学生能够更好地将所学知识应用于实际操作中，提升自身的综合能力。同时，高校开设了各种类型的实践活动，包括创新创业竞赛、实习实训、社会实践、志愿活动等。这些实践活动旨在帮助学生拓宽视野、增长经验、提升能力。学生可以通过参加这些实践活动，了解行业动态、培养实际操作能力、建立人际关系，为未来的职业发展积累宝贵经验。学生的创新能力也在多样化的实践活动中获得了锻炼。另外，在实践的过程中，学生也培养了团队的默契，为他们未来在社会上的长远发展奠定了基础。高校在建设实践平台的同时，也加强了师资队伍的建设，配备了一批具有丰富实践经验和专业知识的指导教师。他们能够为学生提供专业指导和支持，帮助学生顺利开展实践活动，解决实际问题。指导教师不仅在学术上给予学生指导，还在职业规划、团队合作等方面提供帮助，全方位地促进学生的成长和发展。师资力量的强大支持为学生的实践活动提供了坚实保障，使他们能够更好地实现自我提升和发展。

②校内外实践项目体系。当今，很多高校已经在创新创业课堂中建立了校内外实践项目体系。这一举措旨在为学生提供更加丰富多样的实践机会和资源支持，帮助他们将理论知识转化为实际能力，全面提升自身的综合素质。

首先，高校通过与企业、社会组织等合作，为学生提供了各种类型的实践项目，涵盖科研项目、创业项目、社会实践项目等多个领域。这些实践项目为学生的实践学习提供了大量的机会，培养了他们良好的合作精神。学生通过参与这些实践项目，可以更好地理解行业需求、锻炼实践技能，为未来的职业发展奠定坚实基础。其次，高校积极整合校内外资源，为学生提供更好的实践条件和支持。在校内，高校建设了各类实验室、创客空间、孵化器等实践平台，配备了先进的设备和技术，为学生提供良好的学习环境。同时，高校还与企业、科研机构等建立合作关系，共同开展实践项目，为学生搭建更广阔的实践平台。通过资源整合和共享，学生可以充分利用各种资源，拓展视野、提升能力，实现个人成长和发展。此外，高校鼓励学生将实践成果转化为实际应用，促进科研成果的产业化和商业化。学生在实践项目中取得的成果和经验可以帮助他们更好地应对未来的挑战，也能够为社会经济发展带来新的动力。高校还积极引导学生参与创新创业项目，推动科技成果向市场转化，促进产学研结合，为社会经济的可持续发展贡献力量。

（2）实践教学制度保障

2010 年 4 月，教育部下发《教育部关于大力推进高等学校创新创业教育和大学生自主创业工作的意见》，首次以教育部高等教育司、科技司、学生司、就业指导中心四大司局的联动机制，形成创新创业教育、创业基地建设、创业政策支持、创业服务“四位一体、整体推进”的格局，并准备成立由知名企业家、企事业单位专家、高校教师、有关部门负责同志参加的“教育部高等学校创新创业教育指导委员会”。建立独立的、符合高校自身实际的创新创业教育体制，是实践教学制度的有力保障，也是高校创新创业教育长足发展的重要保障，从而使实践教学活动趋向规范化、合理化和科学化。

（三）创新创业文化教育体系

在创新创业教育体系中，创新创业文化的发展是非常重要的组成部分。创新创业文化是在创新创业实践中不断形成的信念、品质和价值的重要导向，这些精神上的熏陶也深刻地影响着人们创新创业的具体行动。

目前，创新创业文化教育体系已经基本确立起来了，具体的内容主要包括以下几个层面：第一，制定并完善创新创业人才的培养课程方案，从高校的管理层面转变教育的根本理念，完善创新创业的相关评级体系，实现评价指标的多元化；第二，通过对创新创业政策的完善和落实，吸引学生积极参与创新创业的活动；第三，邀请各行业领域的创业成功人士来高校举办讲座活动，将企业家的创业故事编纂成册，供读者阅读；第四，在校园内举办不同专业领域的创业成果展，使成果展成为校园文化的组成部分；第五，为了给学生营造一个良好的创业氛围，更好地向学生科普创新创业的知识，可以组织或举办不同类型的创新创业活动，如创新创业大赛、创业俱乐部和创业梦想秀等。

创新创业文化在我国的形成和发展是必然的结果，因为文化是随着经济的发展而产生和发展的。我国经济发展到了一定的阶段，创新创业文化也就随之而产生了。文化的生命力是旺盛的，并且具有持久和稳定的特点。为了从根本上增强大学生的创新创业意识，首先就要对过去的创新思维有所突破，改变大学生对创新创业的看法。为了培养大学生对自主开展创新创业活动的信心，首先就要在日常的教学中向学生渗透风险和回报是正比的理念，让大学生能够积极投身于探索和实践的活动中。我国已经对大学生的创新创业活动提供了大力的支持，如制定了一系列优惠的保障政策，解决了学生的后顾之忧。在创新创业教育的开展过程中，教师除向学生讲授有关的政策外，还应该教给学生如何在政策的支持下降低创业中出现危机的可能性。这种有针对性的教育和教学活动不仅能够提升学生开展创新创业活动的积极性，还能够让学生体会到创新创业实践活动的根本乐趣。

二、创新创业教育模式基本构建

创新创业教育是一项实践性极强的活动，这就要求各高校出台极为有力的措施来推进和发展创新创业教育模式。目前，各高校在这方面进行了诸多有益的尝试，如开办创新创业学院、建立创业孵化基地等，这些措施为创新创业教育奠定了良好的基础，也为培养创新创业人才提供了有力的平台保障。在多年创新创业实践活动的研究成果之上，我国形成了目前的创新创业教育模式结构。

（一）创新创业学院模式

在创新创业教育体系中，创新创业学院模式发挥着十分重要的作用，这一模式不仅可以作为高校的人才培育基地，还能够形成科技创新成果转化平台，为学生的创新创业实践做出示范。目前，很多高校在内部成立了单独的创新创业学院。在多年的发展过程中，上海财经大学创业学院形成了将通识教育、专业教育和创新创业教育相融合的培养模式。其中，通识教育注重对学生个人品质的培养，专业教育注重对学生知识和技能水平的培养，创新创业教育注重对学生创业相关能力的培养。上海交通大学创业学院主要关注的是如何营造一个创新创业的良好氛围，构建起创新创业信息交流和互通的平台，带动学生开展创新创业活动的积极性。

（二）创业孵化基地模式

在创新创业教育体系中，创业孵化基地模式也发挥了重要的作用。在创业孵化基地模式中，主要有三个方面的教育任务，分别是孵化企业、转化科技成果、搭建创业平台。将这三个方面的任务综合来看，可以得出创业孵化基地模式的根本目的就是为大学生提供更为全面的综合服务，从而落实创新创业技术的成果。另外，孵化基地能够为创业企业提供一定的创业基金，使创业企业在初期阶段能够维持在一个稳定的发展状态。创业基金对于创业初期的企业来说是十分重要的，能够有效化解创业企业的创业风险。下面我们就来分析一些我国国内高校的主要创业孵化基地模式。

1. 紧密结合地方资源，成立创业基地

复旦大学与上海市杨浦区协作创立的创业园就是结合地方资源模式的代表之一。在创业园内，管理者采取了一系列有力的措施来鼓励学生的创新创业活动，具体的措施包括学生创业者提供免费的办公区域和免费的法律咨询服务。这两项措施都是为了降低大学生的创业成本，化解创业前期的风险；帮助学生完成企业开办有关手续的办理，这样企业才能够具备运营的基本资格。另外，我们可以以东华大学的众创空间为例进行说明。这一共创空间已经为想要创业的大学生筹集了5300万元的创业基金。中南大学与当地政府合作，共建了中南大学创业科技园，充分利用当地政府其他类型的资源，为大学生的创新创业活动提供了便利的条件。北京大学联合天津滨海新区的资源，建设了一个创新创业基地，这个创新创业基地将创业中心的五个功能模块集合在了一起，具有资金来源广泛、覆盖面积大、流程详尽的优点，为大学生创业者提供了更为完善的创业支持体系。

2．发挥高校优势，为项目孵化做好服务

同济大学创业园成立的创业扶持基金——同济接力基金，是创业孵化基地模式的成功应用。该基金首期募集资金达5000万元，积极协调高校资源和社会资本，共同打造“同济系”企业品牌，帮助优秀企业快速稳健成长。①

三、创新创业教育的战略引领亟须强化

在当今的世界潮流趋势下，创新创业能力的培养已经成为社会的共识，创新创业教育在各国教育当中的地位也越发重要，然而在产生根源和培育目标上的差异导致了在施行过程中显著的差异。美国的现代高等教育经历了一个充分的市场化过程。起初，美国高校与创新创业教育相关的课程教学模式仅是少数学生和教师的一种开拓性尝试。因此，在产生初期，美国的高校可以有一个较为充分的孕育过程。随着这种开拓性尝试取得了社会效益和经济效益，该模式得到了高校各个层面的认同和支持。高校与之相配套的制度、文化等得到完善，创新创业的实施拓展到高校的各个层面。当“创新创业”成为高校这个生态系统里新的常态，创新创业教育就能够自然而然地得到高校各个层面的有力支持。随着学校培育制度的日趋完备，它开始寻求更为具体的帮助，继而实现实际的收益成为创新创业教育进一步发展的诉求。此时，高校通过与企业的合作，开始建立一种稳定长期的合作关系，进而获取高校层面无法获得的资源。当这种合作取得了良好的社会效益和经济效益后，高校开始从战略层面对创新创业教育加以完善，使创新创业教育的作用得到了广泛认可。学生创新创业能力的培养开始内化为大学人才培育的重要途径，创新精神真正地融入大学的精神内核当中，高校从内到外形成了一

① 王雁，孔寒冰，王沛民．创业型大学：研究型大学的挑战和机遇[J]．高等教育研究，2003(3)：52-56．

个稳定持续的、拥有信息交流和资源交换的生态系统。自此，美国高校拥有了一套成熟的关于创新创业教育的模式。

与美国相比，我国的情况有着显著的不同。经过过去十余年的发展和完善，我国的创新创业教育实现了从简单倡导向系统化扶持的转变。但是，我国高校创新创业教育最初的萌芽源自就业上的压力，对于创新创业的诉求在一开始是较为被动的。围绕着提高大学生就业率、缓解大学生就业困难而搭建起来的创新创业教育体系，有着明显的功利色彩。与西方国家创新创业教育相比，由于缺乏来自高等教育内部原发性的诉求，高校在创新创业意识培养、创新创业人才培养目标上产生了混乱。我国的创新创业教育在整体上仍处于起步阶段。

（一）创新创业教育理念实施有待精准

创新创业教育目标的不明确使创新创业教育的理念较为短视。创新创业教育首先要培养受教育者具备创新性的意愿和个性，其次是使其具备基本的创业技能和企业管理技能。由于缺乏对于这两点的共识，我国的创新创业教育目前正呈现为一种“为了创业而创业”的教育。

1. 对创新创业教育的理解较为片面

在当前的大环境下，从教育主管部门到高校师生，他们对于“创业”的认识仍较为片面。这种片面，集中在以下三点：①教育主管部门把创新创业教育定位为引导和教会学生如何开办企业，无论是创新创业知识、创新创业政策的理念，还是创新创业技巧的培养，都被自然地归口到了高校毕业生就业指导工作上，对这种教育的期望也就是缓解来自就业的压力；②教师把创新创业教育认定为针对少数人的个性化或精英教育，属于第二课堂的辅导项目，由于与主要的考评体系脱钩，往往在落地的时候应付了事；③学生把创新创业教育简单地理解为办企业、当老板，并不认为创新意识的培养和创业能力的提升能够真正地提升自身的综合素质。

2. 对创新创业教育的工具主义倾向

因为创新创业教育天生具有实践性较强的特点，在形成系统和广泛的共识前，创新创业教育极易被简单化，即把其当作个体获取某种实际好处的工具，而现阶段这种教育模式也得到了我国众多高校的认可。例如，以创业基地或孵化器的模式于各高校中进行创业教育的创新型体验，以此来为创办微小型企业或经营有关项目的学生给予有效指导；采用“创业大赛”的形式组织学生参与竞赛，推广创新创业教育；为迎合学生对于技能的要求，开办创业类课程，过于关注实训和操作层面。上述种种情况，折射出的是将创新创业教育庸俗化和工具化的倾向。在这种“实务”教育之下，实现创新型人才的培育和企业家能力的培养都是十分困难的。针对受教育者所学专业与创业之间的关系，我们发现创新创业教育在开展的过程中，并没有有效地融入大学现有的文化氛围当中，它作为一种“外来物”，没有获得校内各方的认同，创新创业被割裂开来对待。由于缺乏在学术上创新的原动力，创业行为变成了为创业而创业。创新创业教育则很容易沦落为一种实操的工具。

（二）创新创业教育政策制定有待规划

政策体系的基本特点就是其自身是一个内在统一的有机整体，但纵观当前我国大学生创业教育政策体系，它呈现出明显的碎片化，尚未形成一个内在统一的有机整体，这突出表现在以下两个方面。

1. 高校创新创业教育的政策出自多个不同部门的政策文件中

虽然都是站在大学的层面上考虑，但实际上并没有归口形成统一的政策制定和发布主体。受教育者希望得到的扶持是多元均衡的，涉及了从资金、政策到信息再到氛围等的一系列诉求，单靠一个部门来满足这些诉求显然是有很大困难的。在高校内，与学生创新创业相关的部门包括教务处、学生处、团委、就业指导中心、学院等。创新创业教育的政策零碎地存在于各个部门制定的文件要求中。在搭建创新创业教育体系之初，各个部门大多是各自为政，独立地发布要求和主张。随着体系的不断完善，虽然大家意识到应该进行部门间的联动和协作，联合发布一些政策，但从整体上来看，由于政策的推行者来自各个部门，所以其对创新创业的教育的政策设计缺乏全面性、系统性。即便是联合制定和发布有关政策，各部门也大多从自身的角度出发，进而导致政策的设计出现零碎、散乱现象。同时，即使从政策的内在出发，大多也无法以统一性来进行表达。

2. 创新创业的政策主要体现在就业的政策当中

我国的大学生创新创业政策，只是三三两两地出现在各种通知规定或就业文件之中，以大学生为创业主体的创新型创业政策则较少。地方政府对于创新创业教育上所起的作用，主要集中在政策、技能、资金支持及风险防控上。这些层面的支持往往并不是一劳永逸的，它应该更为长期性并更具有连贯性，这样才能使创业者在创新创业的实践过程中更有效地开展行动并确保成效。以创新创业来促进就业，这种功利性的考虑，使在上层设计中对于政策目标的考量不够前瞻和长远，从本质上来说，这种政策支持并非扶持创新创业，而是旨在解决就业困难的问题。以创新创业带动就业的思维模式使相应的政策设计有着明显的应急和临时的特点。当就业的形势紧张时，政府部门就会制定一些激励大学生创业的临时政策来减缓就业压力；当就业的形势发生变化时，政府又会根据实际情况来制定相应的应对措施。政府主管部门的政策有着明确的功利考虑，对于基层创新创业教育的开展必然产生负面作用，创新创业教育也就自然无法持续、稳定地发挥它应有的作用。

为了有效促进高校创新创业教育的良好发展，在制定发展战略的过程中一定要灵活处理，结合高校内部的资源和组织要素情况，制定出具有宏观意义的发展策略。

开展创新创业教育的初衷是促进每一位大学生创新创业意识的发展，使大学生都能够具备较强的创新创业精神。在创新创业教育系统的实际运行过程中，应该将多个层面的影响因素组织协调在一起，为学生的创业工作提供良好的指导。教育者要从文化建设的角度出发，将创新创业精神贯彻落实到高校的工作事务中，最终将高校的核心理念转变为创新创业。在高校实际的工作中，应该将高校的改革发展和创新创业教育的发展紧紧地联系在一起。高校应该重视对创新创业教育生态系统的建设，培养大学生的创新创业观念，让大学生在浓厚的创新创业教育氛围中主动地学习理论和实践知识。

四、创新创业教育的内外保障体系亟待配套完善

创新创业教育是高校、政府、企业、家庭和学生多个要素相互联系、相互作用、相互支撑的协同系统。

（一）政策支持与高校实际需要之间没有充分契合

现阶段，政府政策支持的重心方向与高校实际需要还存在偏差，这在一定程度上导致“制度性压抑”。近年来，政府出台了很多有关创业优惠及扶持的政策，但政府制定政策的主要目的在于缓解就业压力，政策大多数是针对准备创办实业的在校生或毕业生的，如为其提供小额贷款及税收优惠，没有充分考虑涵盖各个层面的大学生创新创业教育的需求特点，没有覆盖到全体教育对象，对于就业机遇较好或已经就业的大学生而言吸引力不足。另外，政府作用的发挥应该惠及或适用于绝大多数的在校大学生，没有创业经历的大学生群体有更多的需求需要满足和支持。因此，政府在政策扶持、信息咨询及项目支持的作用发挥方面尤为重要。

部分政策没有得到有效地贯彻执行。以高校为例，在支持大学生创业的工商注册问题上，大多数创新创业团队希望利用高校作为注册地，但由于高校的土地性质为教育用地而非商业用地，需要办理一系列复杂手续且所在高校须承担全部责任，土地才可作为商业用途，最终创业企业只能在高校以外的社会孵化基地落地。再如，各地普遍出台了小额担保贷款、大学生税收优惠、资金补贴和场地安排等扶持政策，由于部分政策并不能有效地实施，创业的环境也并不理想，所以在实际经营中，经营的成本会升高，为了与这些实时变化着的创业环境和政策相适应，大学生创业的规模在扩大时会受到或多或少的影响，其创业的发展也会受到制约。

部分政策与创业主体存在信息不对称的现象。教育部颁布了一系列支持大学生创新创业的政策和扶持措施，并且一些政策、举措已实施多年，但有相当一部分创业的学生仍对政策理解甚少，在实际创业过程中没有享受到应有的福利或支持。政策与创业主体之间信息不对称的问题仍然存在。

（二）高校与外部环境的协同程度偏低

在开展各类创新创业实践中，高校与政府或企业共建创新创业教育平台的仅占少数，与企业之间的创新创业教育合作仍有很大的发展空间。高校与外部环境的协同程度偏低，需要寻找更多的“切入点”和“共同点”。

社会和企业对创新创业教育缺乏实际支持。当前，创新创业教育的最大问题在于教育内容与实际状况存在一定差距。一方面，从企业、高校和社会的联系来看，还存在着沟通渠道不通畅、对社会需求的反应不够迅速等问题。相对而言，高校在捕捉市场动态、分析市场需求等方面不及企业高效、快捷，从而在创新创业教育方面会存在一定的滞后性，需要企业进行相关信息的补充或更新。另一方面，很多企业并不认为高校的创新创业教育会对企业的发展产生重要的促进作用，虽然一些企业和高校签订了实习协议，但这也只是参观或蜻蜓点水式的操作，重视程度不够。企业没有提供专门的创业导师、扶持资金、创业讲座论坛、创业实习基地等有效平台。高校与企业之间欠缺一种为学生提供项目、资金和场地等的长效机制和渠道。

（三）高校内部对创新创业教育的共识度有待增强

1. 制度有待完善

一是缺乏系统规划，缺乏对创新创业教育的顶层设计，实施路径不清晰；二是制定的部分政策不具体，缺乏针对性、实效性，不接地气。虽然政府出台了一些鼓励大学生创业的政策，但这些政策真正落实起来程序繁杂且作用不大。

2. 实施力度需要增强

就人才培养来说，虽然一直在积极倡导和大力宣传创新创业教育的理念，但在实际的教学活动中，高校并没有将创新创业教育的理念真正地融入教学理念和培养模式中，也没有在教师和学生实际的教与学过程中真正贯彻落实，仅仅是在文件、会议或口头上有所提及。例如，在人才培养方案中，高校未将创新创业相关课程列入必修课，未突出大学生创新精神、创业意识和创新创业能力的培养，可供选择的创新创业教育课程不多，创新创业教育师资队伍相对薄弱，教师指导学生开展创新创业的积极性不高，创业实践基地的孵化能力及聘请的创新创业导师不能满足创业学生的需要。

3. 活动的深度和广度有待拓展

从创新创业氛围营造来看，虽然不少高校举办了创新创业大赛和创新创业讲座，通过各种媒介对创新创业学生典型进行了宣传报道，但影响范围和影响深度还不够。例如，创新创业大赛停留在选拔创新创业精英的层面上，参与大赛的学生比例太低，未能形成学生广泛参与、创新创业意识深入校园各个角落的良好局面；对创新创业政策、典型人物的宣传基本停留在校园网的一两篇报道、宣传栏的一两张海报上，没有形成广泛关注、全校联动的长效机制；未形成学生积极投身创新创业实践的热潮。

4. 创新创业孵化协作机制有待健全

目前，高校内部参与协同的各环节因发展水平差距大，运作步调不一致的问题比较突出，不能满足孵化机制全面运行的需要；未能发挥校级创新创业教育领导小组的决策职能。

5. 共识有待形成

创新创业教育的各环节对创新创业教育的评价体系缺乏一致性认识，造成资源的浪费和对重点项目投入的不足。部分教师本身对学生创业不认同，认为学生的主业是学习，不应该鼓励学生创业。

（四）社会对创新创业教育的认识有待转变

社会对创新创业教育见仁见智。有人认为创新创业教育就是要培养企业家，甚至政府部门以高校应届毕业生的“创业率”作为创新创业教育的衡量指标。当前，创新创业教育主要存在三个方面有待完善。

1. 企业支持创业的利益化动机强烈

现阶段，大多数企业支持高校创新创业教育停留在短期获利的目的上，希望借助高校的技术、师资和资金等方面来支持企业本身开设创业孵化基地，并通过招揽规定数量的实习生、生产创业孵化产品、利用高校进行推广宣传等形式来为企业盈利服务。总的来说，企业与高校合作创新创业的眼光过于短视，未能将目标放在培养企业人才、建立创新创业合作机制和服务社会等长远战略上，合作可持续性受到限制。

2. 家庭对大学生创业不认同

由于我国社会长期受传统文化观念的影响，部分家庭还存在根深蒂固的“学而优则仕”的观念，对创业不支持甚至是有偏见。目前，大多数家庭不支持子女参加创新创业教育，而是希望其将主要精力放在专业课的学习上，及早备考研究生或公务员。

3. 社会各界对大学生创业时机的认识存在偏差

研究人员针对该问题所做的调研显示，在校大学生、毕业不到三年的社会人士、创业导师对创业最佳时机均有不同的看法。其中，大多数人认为，在企业工作1～3年是创业最佳时机，相关数据也证实此期间创业成功的学生人数占比最高，高校创新创业教育应更加侧重培养学生的创新精神、创业意识和创新创业能力。同时，创新创业教育不仅仅应惠及在校大学生，更应扩展到毕业后有志创业的潜在人群，只有对其进行系列的创业培训和创业跟踪，才能使创新创业教育形成全方位、多层次的格局。

五、创新创业教育的文化支撑亟须加强

（一）对创新创业文化的理解有待厘清

高校的创新创业文化是创新创业文化在校园领域的延伸。高校的创新创业文化包括创新创业物质文化、创新创业实践文化和创新创业精神文化等方面。结合目前的实际情况来看，高校的创新创业物质文化主要指创新创业教育的场所、设施和器物等；高校的创新创业实践文化指的是在创新创业教育过程中主体与客体相统一的活动；高校的创新创业精神文化指的是在创新创业教育中所营造出的对于参与其中的人具有感染性的思想氛围、敢为人先勇于开拓的企业家精神，以及与创新创业有关的思想和观念体系。

（二）创新创业文化存在的问题有待解决

创新创业文化的作用不可小觑，但在目前的创新创业工作中，创新创业文化所发挥的作用还非常有限，上升的空间还有待进一步扩大，其对创新创业的支撑作用还有待从各方面努力进行固化。

1. 高校对于创新创业文化的理解存在偏差

有些高校会自然而然地重视创新创业课程的建设，希望通过课堂教育来加大对学生创新创业思想的灌输，从而在思想层面进行创新创业文化的建设；有些高校比较重视创新创业活动的举办、创新创业典型的树立、创新创业相关场所的建设和器物的置备（如高校内外孵化器的设置等），希望通过非常直观的方式来加深创新创业文化氛围对高校师生的影响和熏陶，通过增加活动的机会，在实训中营造创新创业文化氛围。无论是创新创业知识的课堂教育、创新创业活动的举办、创新创业典型的树立，还是创新创业相关场所的建设和器物的置备，都是创新创业文化建设不可偏废的一部分，任取其一都有可能造成其他方面的不足，从而影响创新创业文化对创新创业教育所发挥的支撑作用。与学生进行创新创业实践相比，创新创业教育的普及程度还比较低，即高校创新创业教育的育人功能相对薄弱。

2. 目前的创新创业文化尚未得到明确的凝练

作为一种文化，若要发挥其“软实力”，必须有清晰明确的核心价值。在建立核心价值的基础上，逐步展开，使该文化范畴的思想、知识、活动和物质等都围绕着核心价值，成为核心价值在各个领域的延伸。但从目前来看，一种一定范围内（如一所高校或一个地区）的创新创业文化尚未真正构建起来，更不要说建立国家层面的创新创业文化了。创新创业文化不只是要从历史古籍中去总结，不只是要从地方特色中去剪裁，还需要从目前正在进行的创新创业实践中去发掘。我国的创新创业工作，特别是创新创业教育工作得到大发展是近些年来的事情，这个过程需要积累，并在积累的基础上总结，才能得出对社会具有真正导向性的创新创业文化。

3. 目前的创新创业文化弥漫着浓厚的功利性

创新创业作为一种人类实践，诚然是要通过其结果来进行评价和衡量的。但是，单纯地以创新是否出科研成果、创业是否能大量盈利来衡量创新创业工作，甚至将这种工具性、功利性的思维灌输到创新创业的发展过程中，对于创新创业、特别是对于创新创业教育是一种巨大的伤害。过程和目标、手段和目的分别是哲学中成对出现的范畴。从创新创业教育的发展过程来看，之所以在目前的阶段或多或少体现出功利性的色彩，是因为对创新创业教育的过程和目标的重要性没有清晰地厘定，对创新创业教育中何为手段、何为目的，其相互之间的关系如何，也没有正确地处理。创新创业教育如同人类社会历史中所有的实践一样，具有一个螺旋上升的过程。在这个过程中包含无数的失败，也通过失败孕育了无数的成功。但是目前，在全民热衷于创新创业的背景下，创新创业教育所遇到的难题大多来自现有的以结果为导向的考评体系，社会注重的是有多少创业型公司注册、拿到了多少融资、有多少盈利、解决了多少就业问题。诚然，这些都是创新创业教育应该解决的问题，但不是在目前阶段就应该通盘考虑的。在现阶段，创新创业教育应该通过思想教育，以及现有的、可能的实践活动来激发人们脑海深处的创新创业意识，端正创新创业的态度，坚定创新创业的意志，通过时间的磨洗，从一代代人的亲身体验中，形成人们的“习惯”。这些，正是需要通过新的创新创业文化的塑造来完成的。

六、创新创业孵化器的作用有待凸显

不少高校在教学、科研场地比较紧张的情况下，响应国务院号召，腾出场地建立了创新创业孵化基地，支持学生开展创业实践，但高校创新创业孵化器的孵化能力普遍较弱。一方面，高校创新创业孵化器建设未得到有效支持。虽然教育部、省、市政府近年来出台了相关政策文件明确力量和高校积极参与新建或改造孵化基地的队伍，建立一些服务平台，用来协助创业活动的开展，有一些地方甚至在尝试政府参与投资的方式，还有以聚集社会力量参与投资的方式来建立孵化基地，但目前政府提出的引导性政策均是总体说明，并没有明细规定。总的来说，大多数政策停留在宏观指导的层面，落实到微观操作层面的相对较少。另一方面，高校创新创业孵化器条件受限。有些高校因是教育用地不能用作商业用途，不能作为注册地，繁杂的手续和责任归属等原因导致无法令高校创新创业孵化器进一步发展。

七、创新创业教育区域不平衡现象需要改善

高校创新创业教育是培养学生创新精神、创业意识和创新创业能力的重要途径，对于推动经济发展、促进社会进步具有重要意义。然而，在我国的高校体系中，存在着明显的区域不平衡现象，即不同地区的高校在开展创新创业教育方面

存在着差异，这种不平衡不仅影响了教育质量和效果，还影响了人才培养和社会发展的均衡性。

首先，我国高校创新创业教育在不同地区的普及程度存在较大差异。一些发达地区的高校在创新创业教育方面投入较多，拥有先进的教学设施和资源，开设了丰富多样的创新创业课程，组织了大量的创业实践活动，为学生提供了良好的创新创业环境。相比之下，一些欠发达地区的高校在创新创业教育方面投入不足，教学资源匮乏，创新创业氛围欠缺，导致学生的创新创业能力培养受到限制。

其次，不同地区高校之间在创新创业导师队伍建设和教学水平上存在差距。一些发达地区的高校能够吸引到优秀的创新创业导师，这些导师具有丰富的实践经验，能够有效指导学生进行创新创业实践。一些欠发达地区的高校缺乏优秀的创新创业导师，导致教学质量参差不齐，学生的创新创业能力得不到有效培养。

此外，不同地区的高校在创新创业政策支持和资源投入上也存在明显差异。一些地方政府为高校创新创业提供了政策支持和经济资助，鼓励学生创业，促进科技成果转化。这种支持为高校创新创业教育提供了有力保障。然而，一些地区的政策支持不够到位，高校缺乏必要的资金和资源支持，限制了创新创业教育的开展。

针对我国高校创新创业教育存在的区域不平衡问题，需要采取一系列措施加以解决。首先，应加大对欠发达地区高校的政策支持和资金投入，促进这些地区高校创新创业教育的发展。其次，可以建立跨地区高校间的合作机制，通过资源共享、师资互助等方式，提升欠发达地区高校的创新创业教育水平。同时，还可以加强对高校创新创业导师队伍的培养和建设，提高其教学水平和创新能力，为学生提供更好的指导和支持。

总的来说，解决我国高校创新创业教育的区域不平衡问题需要政府、高校和社会各方共同努力，促进资源的均衡配置，提升教育质量和效果，为培养更多具有创新创业精神的人才做出积极贡献。只有实现各地区高校创新创业教育的均衡发展，才能更好地促进社会经济的可持续发展和人才队伍的整体素质提升。

第三节　当前我国高校创新创业教育的突出问题

一、我国高校创新创业教育课程设置的问题

（一）创新创业课程的专业化程度有待提高

在创新创业课程的专业化问题上，除前面所述的创新创业师资方面存在的问题外，课程结构上忽视学生的个性特点、课程内容上忽视知识的多样化等，直接降低了创新创业教育课程体系的专业化程度。

当前，我国高校的创新创业课程仍处于起步和摸索阶段。一方面，在课程结构上，选修课居多，必修课和专业课较少，在课程安排上存在很大的随意性，缺乏全面、持续激励学生开展创业实践的教育活动，难以提高学生对创新精神、创业意识和创新创业能力的重视程度，导致出现部分学生为修学分而选课、选课者不了解课程设置意义等现象；另一方面，课程内容单一，许多专业还没有创新创业教育系列课程，即使有，也不够系统和连贯。

除了这些，在设置创新创业教育课程的时候，高校并没有将实践操作列入课程的内容之中，有些即使设置了，内容也不够丰富，这也是矛盾所在。目前，高校所开设的课程大多是教师传授单纯的理论知识，而实践操作很少甚至没有，这种注重课堂授课且缺乏实践的教学模式较为普遍。总的来说，课程的专业化水平在与学生需求和社会需求相匹配方面仍然有极大的提升空间。

（二）课程体系建设的协同程度有待提升

从目前来看，高校、企业、社会间的协同程度相对较低，具体表现在以下几方面。一是未能实现校内协同。部分高校将创新创业教育等同于专业知识教育，只在传统教学课程中安排教授，未能建立创新创业学分积累与转换制度，缺乏探索与创新创业相适应的学分折算体系，校内缺乏各部门联动的创新创业实践平台。总体而言，大多数高校尚未将创新创业引入人才培育体系中。二是校内外协同程度低。目前，多数企业对创新创业教育课程体系的参与，局限于对高校实验技术的支持，仅有一小部分的学生和导师表示高校能与企业共建创新创业教育平台，校企间的创新创业联盟少，不利于推动企业发展模式的转变；校校、校企、校地、校所及国际之间的创业教育合作机会少、质量低，未能达到推进校内外协同育人、

协同创新的目的。三是未充分整合政策资源。

（三）课程体系建设的实践资源有待优化

当前，创新创业教育课程处于“重理论、轻实践”的阶段，在教学课程规划中理论性课程仍占大多数，能够让学生检验自己学习实效性的实践性课程仍然偏少，课程体系建设中实践性教学环节的作用仍没有很好地发挥出来。

二、我国高校创新创业教育教学形式的问题

目前，我国高校创新创业教育中存在的问题如下。教学计划过于一致，一般采用的方法是公共选修课配合创业计划大赛，没有根据不同专业学生的特点来改进教学方案。在具体的教学内容上，主要体现为教学内容的单一化，教学方法容易让学生感到学习的枯燥。在考试形式的设置方面，依然是考卷的模式，无法考查学生解决实际问题的能力。这种封闭的教学模式往往无法培养学生的创新精神，甚至会扼杀学生的创造力，不利于学生创新创业知识的提升。

三、我国高校创新创业实践教学的问题

近年来，由于经济发展和社会就业需要，以创业促进创新、以创业带动就业成为推动社会经济发展的新形式。为适应社会经济发展的需要，我国高校开设创业课程，对在校大学生进行创业教育。为了推动创新创业课程发展，激发学生创新创业热情，目前，我国部分高校已将实践教学引入创新创业课程并提出创新创业课程实践教学模式。虽然我国多数高校已经开设创新创业课程，并且有部分高校将实践教学引入创新创业课程中，但是课程的设置缺乏创新性，表现在以下三个方面。

第一，理念缺乏创新性。目前，多数高校创新创业课程的教学仍然停留在“教科书”式的教学，教师照搬创新创业课程教科书进行授课，学生接受的创新创业理念具有滞后性。

第二，内容缺乏创新性。多数高校对于创新创业实践教学都是“口号式”教学，即仅仅是鼓励学生去尝试创新创业，并没有为学生提供创新创业的条件。

第三，方式缺乏创新性。对于创新创业实践，高校多采用鼓励学生参加创新创业竞赛的方式，而真正的创新创业课堂往往缺乏实践。

除此之外，虽然目前国内主流高校的“创新创业管理”课程都设有实践环节，但大多是进行伪实践，学生根本无法从这些伪实践中真正经历创业的过程，更谈

不上对创业有深刻的感悟。这里将三种典型伪实践概括为“一听、二写、三比”。

一听：在创新创业课堂上普遍存在教师照着创新创业类书籍对学生进行“满堂灌式”教学，学生是通过“听”的方式幻想创新创业的过程。

二写：写“创业计划书”（也称“商业计划书”）已经成为大部分创新创业课堂的“必经之路”，学生通过“写”的方式“经历”创业。

三比：参加创新创业项目比赛，这样的实践环节比“满堂灌式”的教学效果要好一些，但仍然与实际创业相差很大，甚至可以说是“空对空”的伪实践。

创新创业本身是一件非常复杂且困难的事，高校“创新创业管理”课程无法设置真正的创业实践环节无可厚非。然而，创新创业教育的核心是培养大学生创新创业的基本素养，包括创新精神、创业意识和创新创业能力，如果实践环节流于形式，那么创新创业教育将难以深度激发出大学生个体自身潜在的创业激情、智慧和创造能力，创新创业教育的效果也会因此大打折扣。

四、我国高校创新创业教育师资队伍的问题

在我国高校创新创业教育发展过程中，师资力量不足依然是困扰其发展的一个重要阻碍，同时一些高校没有从根本上注重对学生创业培训的指导更加剧了这种情况的恶化。

（一）创新创业教育的师资在数量上明显不足

据教育部高等教育教学评估中心发表的《中国高等教育质量报告》公布的数据，目前我国高等教育的规模为世界第一，在我国高校学习的在校大学生占全世界总量的五分之一。但是，与这种规模上的优势明显不匹配，甚至呈现强烈反差的是我国高校的创新创业教育水平。《中国高等教育质量报告》认为，创新人才培养与实际的社会需要不匹配，高校创新创业教育是我国高等教育的“痛点”。“高水平教师和创新团队不够”“实现由量到质的新跨越仍是突出问题”均是当前我国高校创新创业教育所面临的困境。

（二）创新创业教育的师资在类型配比上欠缺平衡

在培养学生创新创业能力方面，世界知名的斯坦福大学正是受到了其创始人利兰·斯坦福（Leland Stanford）先生的精神影响。他在该校的首次开学典礼上就明确地指出生活归根结底是指向实用的。从创新创业教育的角度而言，该类教育就应该以实践为导向，但作为一种实践导向鲜明的教育门类，以实践为导向不

等于说可以不要理论。从认识论的角度而言，理论对于实践有着重要的指导作用。因此，我们可以说，高校的创新创业教育主要包含两个方面的内容，分别是理论知识的学习和具体的实践。在目前的高校创新创业教育中，传授理论知识的教师和带领学生进行实践活动的教师都存在不足，不仅仅是数量上的缺乏，更需要在师资的质量上入手进行变革。师资力量存在不足的原因主要是师资的专业性不高，不能够从根本上满足创新创业教育的实际需要。目前的创新创业教育师资主要来自兼职教师，兼职教师的队伍主要是由行政人员和辅导员等组成的，他们对于创新创业知识的认识还存在不足，所以也难以满足创新创业教育对师资的要求。

（三）教师对创新创业教育与专业教育相融合的认识有待深化

一项紧迫的事业最为缺乏的资源如果在短期内无法得到自然增长的话，就应该“就地取材”或“就近取材”，对现有的资源进行转化，从而满足实践的需要。具体到创新创业教育，也就是在人们习惯上认为与创业有关的、较为成熟的专业领域，如企业管理、财务、投融资及一些理工科专业中进行专业教育与创新创业教育相融合的尝试，这也许能够又好又快地解决问题。但是，就目前看来，从事专业教育的教师本身缺乏创新创业意识，当然也就难以在日常的专业教学过程中对学生进行有效的创新创业教育。我国高校在日常的教育活动中并没能充分地调动专业教师在创新创业方面的积极性和主动性，教师自己缺乏创新创业意识和思维，这不仅导致应该参与创新创业教育活动的教师在数量上远远不足以满足实际的需要，还致使专业教师在教学活动中所指导的学生在学习的过程中缺乏在专业中发现创新创业可能的积极性和主动性。

（四）校外创新创业导师的作用没有得到充分发挥

高校基本上还没有建立起一套科学的针对创新创业导师的管理制度。一是准入不严。高校缺乏校外创新创业导师的遴选标准和制度。所聘导师往往是圈子里的朋友、熟人。虽然所聘导师大多是企业的董事长、总经理，但很多导师不知道怎么给学生讲。二是管理不够。高校没有将创新创业导师纳入“人事制度管理”的范畴，岗位职责不明，并且缺乏监管、考核和激励。三是辅导随意。所聘导师本身是企业家，事务繁忙，时间不充裕，一些人即便来了，也只是概略地讲讲创业经历和人生感受，随意性较大，效果不理想。四是作用不明显，发挥作用的方式单一。所聘导师一般是通过讲座等方式为学生讲授创业经历、传授创业经验，学生在便捷地寻求到创新创业导师的帮助方面还存在困难。

作为高校创新创业教育的核心资源之一，师资力量作为“人”的因素，是核心资源体系中最为能动的一部分。从现阶段来看，教师的“不会教”是一个需要克服的关键性问题。这个问题对于刚开始发展的创新创业教育来说是十分普遍的，如果对师资的来源途径进行扩充，那么不仅能够促进创新创业教育的发展，还能够促进我国高等教育体系的丰富。为了扩充高校创新创业教育师资队伍的来源，高校需要从社会的不同工作领域中入手，培养具有专业素养、符合学生学习习惯的本土化兼职类师资人员。目前，高校在开展创新创业教育的过程中，除会开设一些选修类的创业教育课程外，还会将本专业领域的企业家聘请到高校开设讲座。和高校的理论教师相比，这些企业家具有更多的企业运营管理经验，比教师更了解企业出现风险时应该如何解决问题。在企业家的指导下，学生对创新创业知识会产生更为浓厚的学习兴趣。兼职创业导师的本土化，有利于创业导师结合本土实际情况进行教学，并且为结合实践进行创业教学提供便利条件。我们结合系统论的观点来看，构建一支优秀的创新创业教育师资队伍，还要注重师资队伍的及时完善和新鲜血液的补充。创新创业教育师资队伍是一个动态的、开放的、不断发展的队伍。高校不仅要注重对师资队伍建设的前期规划和培养，还要定期对其进行调研评估。及时的评估、反馈能够帮助我们发现师资队伍在建设过程中的问题，从而制定相关的政策，完善队伍建设。

（五）未能注重师资建设的时代性和长远性

当前，高校创新创业教育在发展过程中存在一个突出的问题，即未能充分注重师资建设的时代性和长远性。在推动学生创新创业能力培养的同时，师资队伍的建设也是至关重要的一环，但这一方面往往被忽视或未能得到足够的重视。

高校创新创业教育师资队伍是推动教育质量和效果提升的关键因素之一。优秀的导师不仅仅需要具备扎实的学术背景和专业知识，更需要具备创新意识、实践经验和与时代接轨的能力。然而，目前一些高校在师资建设上存在着不足，导致教育资源无法得到充分利用，师生之间的创新创业互动和合作也受到一定的制约。

目前，创新创业教育在我国处于初级发展阶段，各方面建设还不成熟，在建设和发展过程中，要跟上时代的要求，定期对创新创业教育师资队伍进行培训，包括外派到其他院校进行学习交流、补充企业实践经验和创业心理辅导知识等，提高教师的知识水平和实践能力。

在《国家中长期教育改革和发展规划纲要（2010—2020）》中，教育部第一次将人才培养作为未来长期执行的政策，同时地方高校在教学宗旨上也将人才培养及创新培训作为教育的重要方向，并且投入人力、资金对创新创业教育的培训加以支持。从创业培训而言，教师占据主导地位，在一定层面上能够对学生进行指导和培训，因而增强教师的教研能力对于促进创业培训的有力发展是十分必要的。此外，教师的教育观念和教学行为在一定程度上影响着学生的学习思维和未来规划。创新创业教育师资队伍的建设，有利于教师在实际教学过程中，潜移默化地传授创新创业的思想观念，帮助学生开阔就业视野，形成自主择业和创新创业的意识。

第三章　我国高校创新创业教育的国际经验借鉴

我国高校创新创业教育在发展过程中可以借鉴其他国家成功的做法和经验，这样可以更好地推动创新创业教育的发展，培养更多具有创新创业品质的人才，为我国的创新创业事业注入新的活力。本章为我国高校创新创业教育的国际经验借鉴，主要介绍了三个方面的内容，依次是美国高校的创新创业教育、英国高校的创新创业教育、国外高校创新创业教育的经验与启示。

第一节　美国高校的创新创业教育

一、美国高校创新创业教育的发展

在美国经济快速发展的30年里，推动国家经济快速发展的力量就是中小企业，他们为当地提供了多种类型的工作岗位和具有一定创新水平的产品。中小企业也在发展的过程中逐步成为国家发展的重要动力。有资料表明，自20世纪80年代以来，财富500强企业已经减少了500万个工作岗位，而中小企业却贡献了3400万个新工作岗位。[①] 因此我们说，这些中小企业推动着国家经济的快速发展，给人民的生活带来了福祉。20世纪的许多伟大发明是中小企业创新的结果。创业型经济不仅能够提升美国社会整体的创新与创造能力，还决定了美国在世界舞台上的影响力。

创业革命的浪潮对美国高等教育的影响是巨大的。创新创业教育的开展不仅是美国社会发展的需要，还是高校改革与创新的重要内容。1947年，哈佛大学商学院开设了第一门创业学相关的课程。自创业学课程设立开始，美国高校的创新创业教育就开始了发展的历程，一共经历了四个发展阶段，历经了六七十年，分

① 马健生．创新与创业：21世纪教育的新常态[M]．济南：山东教育出版社，2015．

别是萌芽阶段、起步阶段、发展阶段、成熟阶段。

（一）萌芽阶段（1947—1970 年）

1947 年，哈佛大学商学院的教授开设了和创业相关的课程——新创企业管理。后来，“新创企业管理”课程被教育领域的学者公认为是美国高校的第一门创业课程。1967 年，斯坦福大学和纽约大学将相关的课程资源总结在一起，对课程的教学内容和教学模式进行了完善，并落实到了相关创业课程的教学过程中。1968 年，美国巴布森学院的本科专业开设了“创业管理”的课程。因为当时美国进入了经济萧条时期，许多创业的课程还没有得到落实。

（二）起步阶段（1970—1990 年）

20 世纪 70 年代，美国开设创业课程的高校数量依然较少，但是在美国经济不断回暖的背景下，创新创业教育逐渐受到了社会大众的重视。20 世纪 70 年代到 90 年代，美国创新创业教育得到了飞速发展，也带动了美国的经济复苏速度。在美国各高校中，创新创业教育课程开设的数量每年都在增加。仅以 1979—1989 年为例，开设本科创新创业教育课程的高校已达 1060 所。中小企业数量不断增长的社会趋势也影响着高校管理者的教育理念。

（三）发展阶段（1990—2000 年）

20 世纪末，美国的创新创业教育走上了正规化的发展道路，不仅是课程的建设，还包括学位的授予也变得更为正式。从本科阶段的教学来说，美国有 1000 多所大学开设了和创业相关的课程。后来，各高校还将创业课程从本科生延伸到了研究生的阶段。另外，在专业设置的角度，美国的百余所高校都将创业课程纳入专业课程的范围，获得了学生的一致好评。另外，还有 50 所大学通过了创业学位的认证。高校取得的这些进步都推动了美国创新创业教育的有序发展。

（四）成熟阶段（2000 年以后）

从 21 世纪开始，美国的创新创业教育迎来了规模化发展的浪潮。创新创业教育也被人们当作促进经济社会发展的重要推动力。这些宣传的内容不仅为高校带来了社会层面的更广泛关注，还为高校带来了经济上的收入，促进了高校的招生。同时，媒体给高校创业课程的排名也成为各大高校工作成效的重要参考标准。

如果创新创业教育想要获得正向地发展，就应该提高对专业教师的要求，扩充专业教师的来源。因此，美国提出了将创业学位提升至博士阶段，并为创业学教师提供终身培训课程的举措，美国的创业机构还将教师的培训项目纳入终身教育和学习的范围，奠定了美国国内发展创业学的基础条件。

二、美国高校创新创业教育的模式

有研究社会学的学者提出了这样的观点：模式是对自然界和社会生活的现象做出解释的方案，是一种思维方式。在其他类型的科学研究中，模式也被当作是一种系统和过程的简化特征，模式的作用在于帮助人们快速掌握那些难以理解的事物。也就是说，人们在了解世界时，基本上是依靠模式完成了解过程的，所以我们应该积极感知周围的世界，对社会生活和自然生活中出现的现象进行总结，使这些现象更有逻辑。在对这些现象进行加工之后，我们能够更为深刻地了解不同现象中的本质内涵。

创新创业教育的模式能够让人们对创新创业教育产生更为深刻地了解。高校是创新创业教育得以建立的基础，因此人们在建立创新创业教育的过程中，应该重点把握大学机构、政府部门和社会市场之间的协同关系。我们在论述美国高校创新创业教育模式的过程中，可以参考美国学者的“三螺旋理论”。这一理论主要是从社会学的视角出发对创新活动进行组织和总结的，其将大学、产业和政府看作是社会活动的主要角色，它们不仅是创新的组成要素，还是活动开展的组织者。

在一些政府主导创新创业教育发展的国家和地区，创新创业教育的政策都是国家主导来制定的，在这种情况下形成了国家干预为主的创新创业教育模式。但是对于美国的发展情况来说，美国是一个由市场经济引导发展的国家，所以美国高校创新创业教育的发展主要是市场力量和高校自我改革来驱动的。

第一，美国国内的高等教育资源数量是世界上其他国家无法超越的。从国家发展的层面来说，美国的创新人才储备数量是得天独厚的。新的知识技术和创新人才是美国国内中小企业快速发展的基础。另外，美国高校内部良好的文化氛围也推动着创新创业教育向前发展。校园文化不仅是一种精神上的观念，还是制度和物质环境的组成部分。校园文化能够在潜移默化中提升学生的创新创业素质。高校重视创新创业教育中的文化氛围，实际上也是认为文化对人的思想观念能够产生较为深远的影响，并能够激发学生的创业意识。

第二，美国社会的创新创业文化底蕴是较为深厚的。多年的实践经验告诉我们，文化背景对人们的创业意识影响较大。文化背景不仅包含校园中的文化环境，还包括社会生活中的文化背景，在积极活跃的社会文化的影响之下，学生的创新创业活动也会受到鼓舞。在美国的文化传统中，人们一直较为追求个体的独立和自由，鼓励人们积极奋斗，获得事业上的成功。美国国内由于受到移民浪潮的影响，社会中融合了多种类型的文化精神，在多元文化的熏陶之下，整个社会层面都形成了敢于冒险的氛围，美国人的创业意识变得更为浓厚。从文化建设的角度出发，美国属于一个创业型的社会。

另外，大学生打工已是美国文化的一部分，美国大学生在校读书期间，利用课余时间打工赚钱（半工半读）已成为一个普遍现象。在美国大学生中约有一半的学生是属于半工半读类型的，尽管打工的时间长短不同，但打工已成为大学生减少家庭负担、经济上逐渐独立的重要手段。半工半读是很好的创业训练，可以让大学生学习和了解社会中的人情世故，学习如何与人打交道，培养吃苦耐劳、敢于挑战的创新创业精神。可见，创新创业教育早已在美国高校生根发芽。

以下是美国国内高校开展的创新创业教育模式。一是以创新创业学学科建设为目标的发展路径，主要采用聚焦模式，代表性大学有芝加哥大学、哈佛大学、宾夕法尼亚大学等；二是以提升学生创新创业素质和创新创业能力为本位的发展路径，主要采用全校模式，即创新创业课程和活动面对全校学生开展，代表性大学有巴布森学院、康奈尔大学、麻省理工学院、斯坦福大学等。全校模式又可分为两种模式，即磁石模式和辐射模式。

在多样化创新创业教育的影响下，美国高校的创新创业教育迎来了广泛发展的机遇。

哈佛大学（聚焦模式）特别强调团队合作和过程意识，使学生相信他们能够成为创业者；在创新创业教育案例中引入各种类型组合和年龄段的创业者，使学生在创业过程中获得认同感，使学生相信创业管理不仅来自灵感，还包含很多艰辛，学生必须随时拥有风险意识和警觉性。

巴布森学院（磁石模式）为大学生设计了循序渐进的“入门—促进—定制路径”创业项目；将创业研究放眼全球，随时敏锐感知全球创业环境的变化，以卓越的创业研究保障其创新创业教育的全球领先地位；根据社会实践的具体情况，开设类型多元的教育拓展活动，如创新创业孵化器、创业计划大赛、创业名人堂和创新伙伴项目。

康奈尔大学（辐射模式）提出了这样一种观点：学生在掌握了一定的创新创业知识之后，其自身就成为工作项目发展的重要因素。因此，康奈尔大学的创新创业教育目标是创建一个涉及整个校园范围的创业项目，在教学的整个阶段培养学生的创新精神和创业意识；康奈尔大学中的 9 个学院的院长共同组成了一个管理委员会，对全校学生的创业活动做出专业的指导；全校的所有教师都应该根据本专业的具体课程情况，制定一个更能够符合学生创业需要的教学方案。

三、美国高校创新创业教育的特点

（一）形成了良好的创新创业文化基础与社会保障体系

1. 社会创新创业文化浓郁

在美国社会发展的过程中，许多欧洲移民后裔进入了美国社会的各个阶级。到现在，各国的精英人才还在向美国社会涌入，逐渐给美国社会带来了思想观念层面上的影响，在社会层面形成了努力奋斗才能够获得成功的风气。在这种风气的影响下，整个社会对创新创业的接受程度都较高，而且能够坦然接受自己创业失败的现实。大学生的创新创业意识也受到了一定鼓舞，从而促进了创新创业教育的良好发展。

2. 政府给予足够的政策倾斜

从政府的层面来看，政府在多年的发展历程中不断推出和大学生创新创业相关的法律文件，给予了足够的政策倾斜，促进了创新创业活动的正常有序开展。同时，社会上其他创新创业的组织和机构也为学生提供了一定的支持。

3. 金融支持力度大

美国创新创业教育资金来源的渠道是十分多样的。美国政府相关部门组织建立了国家级的教育基金；企业家也会向高校捐助一部分企业的盈利，用于创新创业教育活动的开展；许多公益性的基金也会向高校的创新创业教育活动提供支持。例如，美国的考夫曼创业流动基金中心就是一个典型的案例。国家的独立企业联合会等机构就通过为企业提供经费的形式来支持创业大赛的开展，并且资金还用于支持优秀学生的创业活动。

4. 企业的支持和帮助力度大

高校和企业一直是一种紧密合作的关系，企业的资金为高校的活动提供了较大的支持。例如，哈佛大学商学院一直以来都将校友关系网络作为创新创业教育开展的重要资源之一。每个学期哈佛大学都会邀请优秀的毕业生和创业者参与高校组织的交流会活动，促进在校大学生和企业家之间的交流。

5. 组织与支撑互联网强大

美国小企业管理局（SBA）一直以来都致力于为初创阶段的组织与个人提供

免费的服务和技术支持。大学内部也有相关的发展中心来为准备创业的大学生提供各种类型的咨询服务，并通过举办讨论会等模式为创业活动提供多种类型的支持服务。

（二）具有战略性的创新创业教育理念

创业活动促进了美国国家经济的繁荣发展，所以美国政府一直以来都十分支持创新创业教育活动的开展。有关当局能够意识到创新创业教育对国家经济发展起到的促进作用，因此政府对企业家精神的认识是十分深刻的。在这一背景下，创新创业教育培养出来的人才更具有创新精神，能够满足社会发展的具体需要。创业型人才能够为一个国家带来经济价值，也能够提振社会的精气神。创新创业教育理念是美国国家秉持的教育理念，在这一理念的支持下，美国创新创业教育活动取得了重大的成功。

在美国高校中开展创新创业教育，是高校为了促进所有大学生未来的综合化发展实施的措施。教育的开展是为了学生的多元化发展而服务的。巴布森学院提出了这样一个观点：创业教育开展的目标不是培养更多的企业家，而是使大学教育更符合社会发展的潮流。因此，我们可以发现，美国创新创业教育的开展不追求暂时性的利益，而是将目光放得更为长远，将培养大学生的创业精神作为最根本的目标。

（三）具有完善的创新创业教育体系

美国创业教育协会认为，创业是贯穿人一生的活动，创新创业教育覆盖了人所有的教育阶段，因此我们可以说，创新创业教育是一个全方位的教育体系。近年来，创新创业教育已经成为各个国家高等教育领域发展最为迅猛的学科领域。在美国国内的创新创业教育开展过程中，创新创业教育历经了课程教学到专业教学的过程，最后实现了学位教学的目标。从最开始的片面功利性职业培训发展到了系统化的教学，最终实现了创新创业教育研究体系的搭建。我们以美国的创新创业教育研究体系为例，说明这一体系的特点。

1．明晰的培养目标

在教育教学的过程中，不仅要加深学生对于企业管理的相关了解，还要巩固学生将创业作为自己未来职业规划的意识。

2．较完备的学科建制

美国不仅设置了创业学这门专业，还将这一专业延伸到了研究生学段。例如，巴布森学院每年都在培养一定数量的创业学硕士。另外，在其他专业的教学中，也渗透了和创新创业有关的知识，目的在于培养学生的创业意识，提升学生个人的综合能力。创业中心现在在高校中已经是一个十分常见的部门，有的大学还将创业学和创新培养结合在一起，融入专业教学的过程中。

3. 系统化的课程设置

美国高校将创新创业教育与专业、学生的研究方向结合在一起，为学生制订了具有专业特色的教育课程体系和学习计划。课程的类型主要可以分为四个，分别是创业意识类、创业知识类、创业能力素质类及创业实务操作类；课程的具体内容可以分为三个主要的模块：创业理论阐述、典型案例分析、仿真模拟演练。为了保证教育目的的实现和理念的落实，科学、合理的课程设计是十分必要的。在高校创业教育课程化的过程中，“创业学”课程体系逐渐被学术界确立为课程的基本模式。斯坦福大学课程体系将文化教育和职业教育相结合，以全过程参与的方式保证学生创新创业问题的解决。哈佛大学商学院的创业资料和案例是世界范围内最为完整的，为学生和学术研究者提供了良好的研究基础。

4. 卓越的师资队伍

在创新创业教育中，最为突出的特性是教育过程中的创新性和创造性。这两个特性决定了其对高校教师的高要求。美国创新创业教育之所以能够取得成功，关键在于美国国内具有雄厚的师资力量，主要包括专职教师和兼职教师。专职教师的实践经验较为丰富，理论知识基础扎实。例如，巴布森学院的教授和企业家们保持着良好而密切的关系，对社会发展的大趋势有着较强的洞察力。兼职教师的来源是非常广泛的，不仅包括了企业家和创业经验丰富的管理者，还有政府官员等。从 1991 年开始，英特尔前任首席执行官安德鲁·格罗（Andrew Grove）就一直兼任斯坦福大学的讲师，主要是通过自己的亲身经历丰富学生对创业活动的看法。

5. 丰富而又实用的实践教学

创新创业教育和具体创业活动的开展是密不可分的。在美国，创新创业教育活动开展的重点是“以行动为导向，经验引导的体验”。实践活动的开展比知识的讲授更为重要。创业教育国际协会积极组织模拟创业活动为教师提供多种类型的创业体验活动，让教师在指导学生时有充分的案例说明。很多学院还通过利用多种课堂形式，为学生创造了种类多样的实践机会。例如，在麻省理工学院内举办的“五万美金创业计划竞赛”产生了大范围的影响，不仅会催生企业的创立，还搭建了一个良好的创业交流平台。在美国国内最具影响力的 50 家高新技术企业中，几乎有一半的企业是从创业计划竞赛孵化而来的。另外，有很多高校开展了“合作教育”的活动，积极组织校企合作，促使学生积极参与高校组织的劳动实践活动。有的高校甚至延长了学制的时间，目的在于培养学生的实践能力；各大高校有的时候还会组织创业者参与俱乐部和咨询会等活动。

6.科学的创新创业教育评价体系

从20世纪90年代开始，美国创业领域的权威期刊（如《商业周刊》等）每年都会对高校开展创新创业教育的情况进行总结，评价的因素包括学生创业情况、创新创业教育项目、社会影响力、师生具体取得的成就等。

（四）各大学的创新创业课程各有侧重

美国各个高校创新创业课程的侧重点可以分为几个主要的类型：综合性的以斯坦福大学、哥伦比亚大学、哈佛大学商学院为典型；侧重高科技领域的创新创业主要有加利福尼亚大学伯克利分校、仁斯利尔理工大学等；侧重初创企业创新创业的有印第安纳大学伯明顿分校等。

（五）具有多种多样的教学方法

在美国高校创新创业教育的过程中，主要使用的教学方法包括论证、个案研究、实习、计算机模拟。例如，加利福尼亚大学洛杉矶校区会组织多位创业成功人士参与创新创业课程的小组讨论；巴布森学院为方便在校生和创业者交流，专门设立了“创立人之日”，并创办了一个创业家协会。

创新创业教育是通识教育的最终目标，因为在创新创业教育中，学生能够学习掌握多个领域的知识，包括法律实践、经济政策和文化价值等。

在美国的本科教育阶段，专业知识的学习和通识知识的学习是同等重要的。在专业知识的学习过程中，学生的知识和技能水平都能够得到提升。如果能够将创新创业教育和专业教育相结合的话，那么创新创业教育对学生的影响将更为全面。学生在接受创新创业教育之后，自己的创新精神和创业意识会得到培养，并且能够结合自己在专业学习中掌握的知识加深对创业理念的理解。但是，创新创业教育和专业教育相融合是存在一定困难的。如果需要在专业教学中体现创业的知识，还需要相关教育部门的批准，经评估之后，制订新的教学计划。

第二节　英国高校的创新创业教育

一、英国高校创新创业教育的发展

英国高校创新创业教育呈现出蓬勃发展的态势。据权威调查，约有 30% 的年轻人怀揣着创业的梦想，而高达 53% 的在校学生更是渴望成为一名企业家。这些年轻人不仅怀揣着提升社会地位的美好愿景，还期望通过创业获得更加丰厚的经济回报，以及实现个人价值的最大化。他们的创业热情和努力，正逐步引领着英国的创业热潮，成为推动经济社会发展的重要力量。值得一提的是，经过不懈拼搏和艰苦努力，高达 93% 的初创企业最终成功跻身于知名企业的行列，为英国的经济社会发展注入了新的活力和动力。①

英国创业氛围浓厚，初创企业存活率居高不下，究其根源，在于其高等教育中创新创业教育的成熟发展。自 20 世纪 70 年代经济低迷期以来，英国高等教育体系便着手策略调整，将激发学生潜力与创造力置于核心地位。同时，随着政府与企业对高层次人才的需求持续增长，高校与企业的合作越来越紧密。此外，创业园区的兴起为创新创业教育提供了宝贵的实践平台。这些因素共同推动了英国创新创业教育的发展，为英国的创新创业事业奠定了坚实的基础。

自 1982 年起，为应对大学毕业生日益严峻的就业形势，英国政府开始实施创新创业教育计划。该计划以大学生创业项目为核心平台，旨在引导毕业生在本地积极寻找就业机会或进行创业实践。创新创业教育计划得到了苏格兰创业基金的慷慨资助，并率先在斯特灵大学进行试点。通过举办创业讲座、提供学生选拔指导与专业培训等多样化手段，该计划得以顺利推进。然而，由于在动力机制与综合性方面存在明显不足，并且目标过于追求快速培养企业家精神，随着成本的上升和失业率的逐渐下降，英国政府在 1990 年做出了终止该计划的决策。

英国在社会发展过程中深刻认识到，要更加贴近时代潮流和学生实际需求，以推动创新创业教育的进步。因此，自 20 世纪 80 年代末起，英国开始注重普及企业成长规律和培养创业素养。为了切实提升大学生的创业能力，英国政府在 1987 年正式启动了“高等教育创业”计划，该计划特别强调了理论与实践相结

① 张翠凤．大学生创业素养教育与能力培养课程体系研究 [M]. 天津：天津科学技术出版社，2018.

合的学习方式，这标志着英国在创新创业教育政策制定方面迈出了坚实而有力的一步。

1998 年，英国政府启动大学生创业项目，组织学生参与创业课程和实践，与创业者交流。1999 年，英国政府拨款建立了英国科学创业中心。

在 21 世纪初，英国开始将焦点从单纯的创新创业教育转向创业文化的全面建设，并在多个领域取得了显著的进展。在这一过程中，创业远见运动（EI）作为一个专门用于培养创新精神的平台，受到了来自政府及社会各界人士的广泛认可和支持。众多企业和机构纷纷响应，积极参与其中，为创新创业教育的持续进步注入了新的动力。

创业远见运动的重点包括：①激发弱势群体的创业潜能；②鼓励青年创业；③鼓励学生创业；④支持创业企业，学习新商业战略；⑤通过青年经验推广创业活动，引起文化变革；⑥培养创业技能，将教育系统纳入创业经济。

2004 年，英国政府为推动创新创业教育、加强校地合作与制定发展策略，决定成立全国大学生创业委员会。在政府的大力支持下，设立了多种专项基金。其中，英国王子基金每年将资助 5000 名青年创业者，为他们提供资金、咨询和网络等多方面的支持，为高校创新创业教育的深入发展奠定了基础。

自 20 世纪 80 年代以来，英国的创新创业教育发生了显著的变化，这些变化不仅体现在教育观念和具体实施上，还涉及整个社会的创新创业文化和氛围。英国这种转型和路径，对我国当前的创新创业教育具有重要的启示。

二、英国高校创新创业教育的模式

通过培养学生的创新思维和创业能力，促进高等教育与新技术、新产业、新业态紧密结合，高校创新创业教育可以为经济社会发展提供强大的人才和智力支撑。作为欧洲推广创新创业教育较为成功的国家，英国实施了“高等教育创业”计划，通过课程与实践相融合培养学生的创新创业能力。

（一）商学院模式

商业运作贯穿于企业发展全过程，充足的商业知识储备能帮助创新创业项目成功落地。撰写商业计划书是创新创业项目前期的关键环节，后续的资本运营对企业发展水平具有重要影响，而风险化解是企业平稳运行的重要保障。商学院传授的商科知识能起到助力其他学科项目或科研成果商业化落地的作用。

随着信息经济的深入发展，英国高校越来越重视培养学生的创新创业能力。

英国高等教育质量保证机构（QAA）于2012年出台《创新创业教育指南》，2018年又颁布了修订版《创新创业教育指南》。英国高等教育质量保证机构表示，创新创业是创新能力与创业精神的结合。创新能力是提供具有经济价值、社会价值、生态价值的新思想、新理论、新方法和新发明的能力；创业精神是指创业者主观世界中的那些具有开创性的思想、观念、个性、意志、品质等，所有学生应有机会参与创新创业活动，并将其与自己的专业相联系。英国政府还推出了《工业发展战略》绿皮书和《产业战略：建设适应未来的英国》白皮书，强调要普及跨机构的创新创业活动。通过数年来的实践探索，英国高校形成了以商学院和商科为主体，带动其他学科创新创业教育发展的格局。

商学院课程能够培养学生的商业素养，为创新创业活动提供保障。与其他国家的商学院一样，英国高校的商学院也开设有工商管理、会计、金融等课程。此外，为了将理论严谨性与实践可行性相结合，培养适应时代要求的商科学生，为创新创业和可持续发展提供智力支持，一些商学院还开设了能够适应创新创业发展的新专业。例如，剑桥大学贾奇商学院设立了创业硕士和社会创新硕士两个非全日制硕士专业。其中，创业硕士重在通过学术、实践和社群交流活动培养学生的创新创业思维，组织校内导师与行业优秀人才共同培养有影响力的创业者与企业家；社会创新硕士则重在通过研讨会、案例研究、对话从业者等培养学生的社会创新意识。

英国高校商学院还重视通过模拟实验与专业实习增强学生的应用能力，通过开展模拟交易等活动，提升学生的商业洞察力与操作技能。例如，谢菲尔德大学管理学院围绕在线平台建设了金融交易实验室，模拟金融市场实况，锻炼学生的实践能力。英国高校商学院学生在实习期间能够进入企业或开展创业活动，切实体验将理论运用于实践的过程。谢菲尔德大学管理学院允许学生在本科阶段实习，学生可根据实习需要灵活选择课程，达到提升理论运用能力的效果。爱丁堡大学商学院则在本科第四年为学生提供实习项目，让学生通过与企业互动，切身感受企业需求及市场环境。

（二）企业家精神培育模式

企业家精神是创新创业成功的重要因素，也是创新创业教育的关键内容。人们一般认为企业家精神包含创新、冒险、敬业、宽容等。创新创业教育课程中的企业家精神教育主体是商学院，英国高校的商学院通过学位教育与职业教育相结合的培养方式，引导学生学习市场分析、营销战略、运营管理、金融投资等方面的知识，激发他们的企业家精神，培养创新创业后备力量。

诺丁汉大学商学院设立了创业、创新与管理全日制硕士专业，旨在帮助学生实现创业目标。该专业的课程内容涵盖创业、财务、电子商务等，同时为学生提供学习风险投资和私募股权相关知识的机会。学生可以从案例分析和小组合作等起步，再进入企业参与实践，最后通过撰写创业商业计划或论文验收成果。课程旨在培养适应市场需求的创新创业人才，激发学生企业家精神与创造力。诺丁汉大学的海顿绿色创新与创业研究所面向校内所有学生提供创新创业课程，并通过各类竞赛活动推动创新创业教育普及。诺丁汉大学还设有创意实验室，实验室将其会员分为学术会员、风险投资会员和大使会员三类，并按级别为其提供帮助。海顿绿色创新与创业研究所的研究生皆可以学术会员身份参与活动，拥有企业或明确创业意向的风险投资会员能够获得实验室支持，创业成功者则可以通过大使会员身份与实验室双向互动。这种做法不仅为学生提供了更多的创业机会，还提高了创新创业项目的可行性，鼓励更多学生参与创新创业活动。

牛津大学赛德商学院主要通过跨学科交流，培养学生的责任感和企业家精神。该学院一方面通过创新创业教育课程提升学生的实践能力，让学生在模拟项目中感受企业家对企业发展、应对风险、社会创新的重要性；另一方面，注重帮助学生了解国际关系、公共政策、行业规则对微观主体的影响，提高学生在不确定的经济环境下运作企业的能力。赛德商学院还开设了“1+1 工商管理硕士”课程，学生在第一年可攻读计算机、医学、环境等学科，第二年攻读工商管理硕士。这种课程设置既可以培养学生的专业技能、商业能力与企业家精神，使他们成为具有多种能力的复合型人才，也有助于不同学科之间的交流和知识转移。

（三）多学科融合模式

为了提升创新创业效能，通过培养学生的创新创业意识、思维、能力，使其成为具有创新创业能力的员工或企业家。英国高校融合商科知识与其他学科知识开展创新创业项目，鼓励所有学生参与创新创业活动，激发创新创业活力。

杜伦大学重视创新创业知识普及和学科交叉融合，设立了专门机构为有创业意向的学生提供支持，帮助他们制订发展计划，传授产品开发、营销、财务等方面的知识，为学生提供获得融资的机会。该校还开展为获胜队伍提供丰厚奖金的“创业蓝图挑战赛”以助力新企业的启动。2019 年，杜伦大学开启“游戏规则改变者”课外创新计划，该计划旨在培养学生的创造力和创新力，鼓励他们开展创业活动，同时利用创新思维为实现联合国可持续发展目标设计解决方案。阿斯顿大学与伯明翰大学、纽曼大学等合作实施了“BSEEN 计划”，为在校学生及毕业未满 5 年的毕业生提供咨询、资金等方面的创新创业支持。在该计划的支持下，兼具专业技能和创业能力的阿斯顿大学创业者已经在科技、媒体、食品、服装等不同领域开办了新企业。除“BSEEN 计划”外，阿斯顿大学企业中心也为学生提供规划、营销、贷款等方面的资源，帮助学生加深对创新创业的了解，努力促成学生智力成果落地。

英国高校利用商学院的专业优势培养创新创业人才，为创新创业提供理论支撑和后备力量。同时，提供创新创业指导，帮助学生解决在创新创业过程中遇到的瓶颈和挑战，鼓励非商科学生参与创新创业活动。对于商学院而言，充分的实习空间与模拟实验能强化学生的理论运用能力，还可以提高学生的领导力与执行力。作为商业知识的提供者，英国各高校商学院推动创新创业活动走出校园，通过举办讲座、设立服务机构等措施推动创新创业活动的深入开展。英国高校的实践表明，提高创新创业活动普及程度，号召更多学生参与其中，可以融汇多学科智力成果，通过高校集聚多种智力资本，培养更多富有活力的创新企业。

三、英国高校创新创业教育的特点

（一）具有良好的政策环境

在英国，相关部门彼此间紧密合作，共同致力于创新创业相关政策的规划与制定。这些政策广泛涉及科技创新、推动高等教育改革与创新、中小企业的扶持等多个核心领域，构建了一个协同并进的政策体系。这些举措为大学生的创新创业活动提供了良好的发展环境与有力的支持。

英国高等教育创新创业教育资金主要来自政府拨款和第三方基金会，如新创业奖学金、科学创业挑战基金、高等教育创新基金等。据调查，以大学为主的英国高等教育机构每年可获得约为 30 亿英镑（约 278 亿元人民币）的外部研发经费。[①] 这些资金用于校企合作、研发、创业教育和奖学金，支持创新和弱势群体创业。

（二）具有多样的组织模式

有人对英国大学创新创业教育组织的类型进行了全面且深入的分析，将其明

① 李振兴 . 创新的第三引擎：英国高等教育创新基金发展概况及其启示 [J]. 全球科技经济瞭望，2015，30（2）：29—34.

确划分为两大类：大学主导型和商学院主导型。在大学主导型模式下，创新创业教育组织呈现多样化的形态，包括协作式、独立式和嵌入式。协作式涉及多个学院的共同参与和管理，独立式具备独立的团队与组织架构，嵌入式则在现有组织中无缝融入创业教育功能。在商学院主导型模式下，也呈现出多种形态，包括系统专业化、广泛嵌入式、团队组织型融合式及分离式，后者由少数核心人员负责管理。这两种主导模式各具特点，其中大学主导型模式在自主性方面具有显著优势。然而，在实施时，需充分考虑学科背景因素，以确保其有效性和适应性。

（三）具有专门的管理机构

英国政府为鼓励大学生创业及推动高校与企业间的深度合作，特设立全国大学生创业委员会（NCGE）及英国科学创业中心（UK-SEK）。其中，英国科学创业中心在促进高校改革、增强高校对经济增长及就业率的贡献方面，发挥着举足轻重的作用，被誉为“高校改革的强大引擎”。目前，已有13个中心与国际知名学府建立了紧密的合作关系，共同构建了高效便捷的互联网体系，以支持高校改革与创业创新工作的深入开展。

为促进大学文化的深度改革与创新发展，英国科学创业中心不仅承载着教学与孵化器的双重职责，还致力于推动智力成果的转化应用。其主要职能涵盖支持企业创办、强化与企业的紧密联系、推动技术成果的转化落地、实施创业教育等多元化活动，尤其重视为科技专业的学生提供重点支持与指导。

全国大学生创业委员会高度重视大学生自主创业能力的培养，并进一步强化了企业家素质的提升工作。全国大学生创业委员会肩负着重要的职责，包括大力支持大学生创办企业、积极开展师资培训、提供系统的理论支撑和深入的案例研究，以促进大学生创业工作的全面发展。

（四）具有全社会参与的创新创业教育文化体系

1. 地方政府及非政府组织对创新创业活动的大力支持

伦敦发展机构（LDA）是一个致力于推动地区经济繁荣的自治机构，其重要职责之一是鼓励和帮助大学生创业。为了实现可持续发展、增加就业机会、提高技能水平、增强企业竞争力和促进整体经济进步，伦敦发展机构积极运用公共资金，与高校和其他相关机构建立了稳定的合作关系。通过这些合作，伦敦发展机构为学生提供了咨询服务、资金援助及专业指导，帮助他们实现创业梦想。与此同时，伦敦发展机构与英国就业与技能委员会密切合作，携手并进。值得一提的是，工业与高等教育委员会也致力于搭建高校与企业间的桥梁，致力于培育学生创新创业的精神风貌，提升其就业竞争力。

2. 企业等组织对创新创业教育支持力度大

自20世纪80年代英国高等教育改革实施以来，英国大学与企业之间的合作与交流呈现出日益紧密的态势。这种合作模式的深化，不仅为大学带来了诸多积极的影响和实质性的益处，还为企业创造了巨大的经济价值和社会效益。企业通过积极参与大学的创新创业活动，实现了资源共享和优势互补，形成了一个双赢的局面。这种合作模式不仅推动了高校的发展进步，还为企业的持续创新和发展注入了新的活力和动力。

英国壳牌基金会与壳牌技术创业项目长期致力于扶持大学生创业项目，并且展现出了坚定的支持态度。壳牌基金会由荷兰皇家壳牌集团于2000年设立，主要关注可持续性发展社团、青年创业及可持续性能源三大核心领域，并得到了壳牌及其商业伙伴的慷慨资助。其宗旨在于为创业青年提供全方位的支持。此外，壳牌基金会还设立了创办企业奖和企业成长挑战奖，以进一步激励青年创业者的积极性和创新精神。与此同时，壳牌技术创业项目为大学生提供了宝贵的实践机会，使他们能够进入中小企业实习，并参与管理和技术项目的实施。经过多年的发展，该项目已成为全国性的创业教育项目。

3. 高校自身重视大学生创新创业教育

英国的高等教育机构始终致力于培养具备创新创业精神的学生。为此，他们已将创新创业教育正式纳入大学的政策与规划之中，营造出一种对创新创业教育极为有利的整体环境。这种环境的构建不仅仅体现在制度层面，更渗透于理念、网络建设、资源整合等多个方面。首先，从制度层面看，英国的高校制定了明确的奖励机制，旨在激发和扶持大学生的创新创业活动。这种机制不仅为学生提供了创新创业实践的动力，还为其铺设了成功的道路。其次，从理念层面看，英国高校充分认识到大学生创新创业教育的重要性，并深刻意识到自身在这一领域所肩负的责任，不断优化教育内容和方式。再次，英国高校充分发挥了大学科技园的作用，为学生提供了实践创新创业的优质平台。这不仅增强了学生的实践能力，还促进了科技成果的转化和应用。同时，英国高校还为学生构建了良好的教育互联网和人际互联网，使他们在创新创业的道路上能够获取到更多的信息和资源，从而更加顺利地实现自己的创新创业梦想。

（五）具有高校师资与课程设置的优势

在英国，创新创业教育课程构建了一个全面协同的框架，涵盖了课外实践活动、课程研发、创业研究等多个环节，形成了一个有机统一的体系。首先，创新创业课程与创新创业研究将理论研究与实践教学相结合，通过课程传授创业知识，同时通过创业研究反哺课程，相互促进提升课程的实用性和前瞻性。其次，创新创业课程与课外实践有效融合，拓展学习领域。再次，高校创新创业课程开发积极拥抱互联网，充分利用互联网技术的优势，推动线上线下教学的有机结合，优势互补，提升教学效果，同时实现教学资源的最大化利用和有效评估。

创新创业教育的成功离不开教师的执教能力。执教创新创业课程的教师，必须拥有坚实的创新创业理论知识基础，同时要具备良好的创新创业意识和思维、丰富的实践经验，以及卓越的教学能力。英国拥有两类创新创业教育课程，即“关于创业”和“为创业”。“关于创业”课程的全职教师占 93%，其中 36% 曾创办企业，61% 有商业管理经验。“为创业”课程的教师中，兼职教师占 21%，全职教师占 79%；这些教师中 70% 曾创办企业，98% 有商业管理经验。①

第三节　国外高校创新创业教育的经验与启示

在分析和借鉴国外创新创业教育实践经验的过程中，其前提是要立足于我国国情，不能全部都遵循“拿来主义”，更重要的是在研究和分析的基础上予以创新，结合我国当前创新创业教育开展的实际，吸收可以借鉴的做法和经验，从而更好地助推我国的创新创业教育工作。

一、国外创新创业教育的经验总结

在“数字时代”背景下，原本孤立、散落的社会主体，因信息通信的发达、交通运输的便捷联结在了一起，彼此之间形成网状命运共同体。没有谁成为绝对的中心，每一个主体都是网状格局中关键的一环，并在自己的位置上发挥着独一无二的作用。当然，在这个网状格局的环境中，整体的协同运作能够产生 1+1 > 2 的效应。这就如同人一样，个体每个器官的加总能够产生器官自身不具有的整体性的功能。因此，现代社会越来越强调要协调统筹各个主体之间的关系，发挥各个部分的优势，以产生成倍的效应。

① 芮国星．信息时代高校创业教育体系研究[M]．西安：陕西师范大学出版社，2016．

许多国家和地区把创新创业教育作为推动经济发展、科技进步及创造就业机会的重要动力，高校的创新创业教育也因此普遍受到重视，发展水平也较高。在不同国家和地区，高校创新创业教育各有特点。例如，美国模式以创新创业教学为核心，英国和德国等欧洲国家的模式体现职业教育特色，亚洲模式注重文化塑造。通过观察和总结各个国家创新创业教育实践的特点，我们可以发现，每个国家都充分利用了网状格局来推动创新创业教育，通过“4+1 联动”推动社会创业实践。其中，“4”是指政府、高校、社会、企业这四个主体；“1”是指发挥自身的主观能动性。创业教育的根本推动力量不在外部的因素，而在自身的主动学习、主动接受。“4+1 联动”的创新创业教育实践，与之前由政府和高校绝对主导的实践路径相比，能够充分利用社会中各方的资源，通过资源整合来实现最优化效益。

（一）政府在创新创业中发挥了主导作用

在创新创业教育实践中，每一方主体都是网络格局中的关键一环，没有绝对的网络中心，这是当下互联网时代的新特点。但是，政府依然占据主导地位。政府需要统筹各方力量，整合多种资源，发挥自身优势，优化创业教育，进而培养大量的创新创业型人才推动国家经济的持续稳定和繁荣。

通过上述对西方国家的创新创业教育的实践研究，我们可以发现，各个国家的政府有相似的行动路径。

首先，政府的教育部门通过设立相关的创业机构，带动了整个社会的创业氛围，同时举办各种创业活动指导社会各方力量积极参与创业实践。例如，英国的全国大学生创业委员会负责全国的创业教育，同时连接高校与地方，为创业教育提供决策参考；美国的创业中心通过分析社会的经济走向、所需要的专业人才，为高校创新创业教育出谋划策。

其次，政府为鼓励创新创业教育实践，特颁布相关法律与政策，为其提供坚定支持与切实保障。在英国，与创新创业有关的政策和法律的制定由相关部门协同完成。美国颁布了许多税务减免政策，鼓励中小企业的发展，也在整个社会上营造了一种亲商环境。许多重视创新创业的国家把培育创意和创新文化、繁荣创业精神作为一项长期的策略方针。

最后，政府还通过各种基金补助创新创业型企业，扶持中小企业的发展。同时，各大高校在政府的支持下建立了创业基金会，支持大学生毕业后自我创业来带动国家经济的发展。

（二）高校是创新创业型人才培养的主阵地

教育工作主要是由高校开展的，高校在创新创业教育中扮演着不可替代的角色。在政府和产业界的密切配合下，高校不断地更新创新创业教育理念，引入最新的创新创业观念，并结合时代特色开展创新创业教育课程。各高校还在原有的基础设施上加强创业孵化器和创业辅导机构的建设，同时通过网络平台加强与校友、创业企业家的联系等。高校在创新创业实践中的具体行动路径总结来说有以下几点。

第一，从美国和英国的实例中可以看到，许多知名大学开始向创业型大学转变或在校园中开办创业学院。创业型大学的办学理念是要求将知识转化为技术，把技能转化为生产力，大学的任务不再止步于学术研究的成果，而是强调最终要学以致用，将学术界与产业界结成伙伴关系。同时，创业型学校形成了一种宽松自由、鼓励创新的创业文化环境，美国的惠普、雅虎都是在这样的环境中创办起来的。创业型大学除以创办企业为目的外，更重要的是培养学生的开拓性、创新性和进取性的创业精神，这对个人的成长来说是终身受益的。创业型大学中较为成功的当属美国的斯坦福大学和麻省理工学院。

第二，美国、英国的许多高校开始将创新创业课程纳入学分制的课程体系，使创新创业课程从原来的辅修课程变成现在大学生和研究生的必修课程，从最早是管理学院和商学院的课程成为所有专业学生可以选修的课程。另外，世界各大高校的创业课程内容与专业结合得更为紧密了。针对不同学科开展不同的创业课程，无论是工科还是艺术类院校，都可以通过本专业的创业来实现自我价值。当然，在创新创业教育中，教学方式也越来越灵活多样。课堂上不再只是教师单一地传授课堂知识，而是通过师生互动来实现参与式的课堂学习。教师在课堂上教授成功和失败的案例，与学生共同分析，让学生从中得到经验教训。此外，高校还会邀请创业者、企业家为学生讲授他们的创业过程，和他们分享自己的创业故事，每个学生都能从中得到自己创新创业的感悟。

第三，各个国家的高校为学生创新创业提供了丰富的资源。美国的高校利用硅谷带来的资源，如以硅谷工业园区的创新企业为实习基地，让学生了解市场的最新动态和技术需求，为今后的创新创业打下基础。许多高校利用网络资源，为学生提供创新创业教育的素材和网络模拟练习的平台。在互联网信息共享的时代，教师和学生可以通过网络足不出户地获取各个国家最好的创新创业资源和素材，这对学生将来的创业实践是一笔宝贵的财富。美国大学的创业中心和孵化园也为学生提供了丰富的资源，除提供创新创业教育外，创业中心和孵化园还开展了多种多样的创业实践活动，以开阔学生视野、磨炼学生意志。此外，创业中心和孵化园还为创业的学生和新创企业提供咨询与帮助，共同解决创业初期的问题。创新创业教育资源中还有一个必须提到的就是校友资源，通过互联网连接世界各地的校友，充分利用校友的人脉资源，创业者可以获得更多的信息和机会，从而获得更大的成功。

（三）企业和社会是创新创业人才培育的第二课堂

在传统的观念中，政府和高校是创新创业教育的绝对主体，不需要再有其他的力量参与教育领域。但是，随着互联网信息共享时代的到来，创新创业教育不仅局限于政府和高校领域，越来越多的社会力量成为人才培育的第二课堂，他们利用自身灵活的组织形式、丰富的可利用资源等优势，在创新创业教育领域发挥着独特的作用。

第一，企业最重要的就是提供实践教育的平台。每个国家都会充分利用企业这个资源来开展创新创业教育，因为通过实战演练最能锻炼学生的综合能力。这些实践机会不仅给学生带来利益，还能给企业带来新鲜的血液，带来创新发展的灵感和动力，也带动了整个国家的创新创业氛围。例如，英国、美国的许多企业和高校合作，将高校中的技术理念转化为造福百姓的实用技术，不但能够为企业带来利润，而且对于高校来说也是一种机遇。高校可以从中获得资金，改善创新创业的基础设施环境，提升创新创业教育的质量。

第二，现在各个国家的创新创业教育还得到了社会中各方力量的广泛援助和配合。社会中的各种非营利性组织团体开展了各种创新创业教育活动。例如，举办创业大赛，不仅能够培养学生创业实战的能力，还是风投者发现项目的平台，在大赛上脱颖而出的创业者都能够获得风投者的资金支持，作为创业项目的起始资金。这对于资金有限的年轻人来说是一个极好的机会。

（四）个体是创新创业教育中的灵魂

在美国和英国的创新创业教育实践中，个体的角色被认为是创新创业教育中的灵魂。国外许多成功的创新创业教育案例表明，个体的创造力、创新精神和实践能力对于推动创新创业教育的发展起着至关重要的作用。通过对国外创新创业教育经验的总结，我们可以深刻理解个体在创新创业教育中的关键作用，并从中汲取启示，促进我国创新创业教育不断完善和发展。

首先，个体的创造力是创新创业教育的重要驱动力。在国外的创新创业教育实践中，个体的创造力被视为推动创新的源泉。培养学生的创造力，激发他们的想象力和创新潜能，是国外高校创新创业教育的重要任务之一。通过开展创意思维培训、设计思维课程等活动，国外高校帮助学生培养独立思考和创新能力，激发他们在创新创业领域的潜力。

其次，个体的创新精神是创新创业教育的核心要素。国外高校注重培养学生的创新精神，鼓励他们勇于尝试、敢于创新，培养他们面对挑战时的勇气和韧性。通过开展创业训练营、创业比赛等活动，国外高校激励学生勇于创新、勇于实践，培养他们在创业道路上不断探索和突破的精神。

再次，个体的实践能力是创新创业教育的基石。国外高校注重培养学生的实践能力，鼓励他们通过实际项目和实践活动来应用所学知识，锻炼解决问题的能力。通过开展创业实践课程、实习项目等活动，国外高校帮助学生将理论知识与实际操作相结合，培养他们在实践中不断成长和进步的能力。

最后，个体的自主性和创业精神也是创新创业教育的重要组成部分。国外高校鼓励学生发挥自主性，自主选择创新创业项目和方向，培养他们的创业意识和创业能力。通过提供创业孵化器、创业基金等支持，国外高校帮助学生实现创业梦想，激励他们勇于创新、勇于拓展。

总的来说，个体在创新创业教育中扮演着至关重要的角色，是创新创业教育的灵魂。国外创新创业教育的成功经验表明，培养个体的创造力、创新精神、实践能力和创业意识是创新创业教育的关键，对于推动创新创业教育的发展和提升个体的创新创业能力至关重要。通过对国外创新创业教育经验的总结和借鉴，我国可以更好地重视个体在创新创业教育中的作用，加强个体能力的培养和发展，推动我国创新创业教育不断完善和提升，为培养更多具有创新创业精神的人才做出积极贡献。

（五）宽松的环境能助力创新创业教育

创新创业教育的成功实施深受外部环境因素的影响，其为教育理念的实际应用提供了支撑。要想推动来自不同背景的创业者之间进行深入交流，就要营造一个宽松的环境。国外的高校已经积累了相当丰富的实践经验，这些经验具有重要的参考价值，值得深入研究和借鉴。

首先，构建一个开放且多元的文化环境至关重要。瑞典高校创新创业教育的国际化程度在全球范围内享有盛誉，其多元化和包容性的教育模式为学生提供了广阔的视野和无限的创新空间。瑞典高校通过吸引来自不同文化背景的学者，汇聚了多元化的教育资源，使学生能够接触到各种独特的思维方式和创新方法。与此同时，美国部分高校同样重视跨学科的创业者之间的交流与合作，他们通过创新创业机构、项目和社团等多种渠道进行互动，这已成为其创新创业教育不可或缺的一部分。

其次，构建一个公正且开放的对话环境显得尤为重要。深入而全面的沟通及思想的交锋，对于激发创新思维具有不可或缺的作用。在国外，创新创业教育普遍采用的案例教学法，旨在激发学生的主动思维能力，鼓励他们勇于表达观点并参与讨论。这种方法不仅为师生之间、学生之间的交流搭建了一个公正且开放的平台，还为各种思想的交流与碰撞提供了优质的环境。

最后，创造宽松的物理空间环境十分重要。高度关注各类交流平台、孵化器和创业基地等创新创业的物理空间建设。在这一方面，斯坦福大学的哈索·普拉特纳设计研究所提供了值得借鉴的范例，其开放的参观政策和详尽的自助参观指南吸引了全球众多探访者的目光。此外，加拿大多伦多都会大学的学习中心同样值得称赞。该中心由高校投入建设，但不仅限于校内人员使用，还对外开放，为校内外人士提供了广泛的交流与合作机会。

（六）跨学科合作有助于创新创业教育

在美国和英国创新创业教育的实践中，跨学科合作被认为是推动创新创业教育发展的重要因素之一。许多成功的创新创业教育案例表明，跨学科合作能够促进不同学科领域的知识和技能相互融合，激发创新思维，培养综合能力，推动创新创业教育取得更好的效果。通过对国外创新创业教育经验的总结，我们可以深刻认识到跨学科合作对于创新创业教育的重要性，并从中汲取启示，促进我国创新创业教育不断完善和发展。

第一，跨学科合作促进不同学科领域的知识交流与融合。在国外的创新创业教育实践中，跨学科合作打破了学科之间的界限，促进了不同学科领域之间的知识交流与融合。例如，工程学、商学、设计学等不同学科的教师和学生可以共同参与创新创业项目，各自发挥优势，共同探索解决实际问题的创新方案。这种跨学科合作不仅能够丰富学生的知识结构，还能够激发创新思维，提升解决问题的能力。

第二，跨学科合作促进综合能力的培养。在国外高校的创新创业教育实践中，跨学科合作为学生提供了一个综合运用各学科知识和技能的平台，促进了学生综合能力的培养。通过跨学科合作，学生不仅可以学习到专业知识，还可以培养团队合作能力、沟通能力、解决问题能力等综合能力，为他们未来的创新创业实践奠定良好的基础。

第三，跨学科合作促进创新思维和创新能力的培养。跨学科合作能够促使学生从不同学科的视角去思考和解决问题，激发他们的创新思维，培养他们的创新能力。在跨学科合作的过程中，学生需要学会跨越学科边界，融合不同学科的思维方式和方法，从而产生新的创意和解决方案。这种跨学科合作的方式有助于培养学生的跨界思维能力和创新意识，使他们成为具有创新精神的人才。

此外，跨学科合作还有利于拓展学生的视野和思维方式。通过跨学科合作，学生可以接触到不同学科领域的知识和理念，拓宽自己的学术视野，培养开放性思维和跨界思维能力。这有助于学生更好地适应未来多元化、复杂化的社会环境，提升其综合素质和竞争力。

总的来说，跨学科合作在国外创新创业教育中发挥着重要作用，有利于促进不同学科领域的知识交流与融合，促进综合能力的培养，促进创新思维和创新能力的培养，以及拓展学生的视野和思维方式。通过对国外创新创业教育经验的总结和借鉴，我国可以更加重视跨学科合作在创新创业教育中的作用，促进不同学科领域之间的交流与合作，培养更多具有综合能力和创新精神的人才，推动我国创新创业教育不断发展和进步。

（七）国际化有利于提高本国的创新创业教育水平

随着经济全球化的发展，创新创业教育的国际化已经成为提高本国创新创业教育水平的重要途径之一。通过总结国外创新创业教育经验，我们可以发现国际化对于本国创新创业教育的重要性。国外创新创业教育的成功经验为我们提供了宝贵的借鉴和启示，促使我们更加重视国际化合作，借鉴国外先进经验，提高本国创新创业教育水平，培养更多具有国际竞争力的创新人才。

第一，创新创业教育的国际化有利于引入先进教育理念和方法。国外许多先进国家在创新创业教育领域积累了丰富的经验和成功案例，其教育理念和方法具有很高的参考价值。通过国际化合作，我们可以借鉴国外先进的教育理念和方法，引进先进的教学模式、课程设置和教学资源，从而提升本国创新创业教育的水平，促进教育教学质量的提高。

第二，创新创业教育的国际化有利于促进师资队伍的国际化和专业化。通过国际化合作，本国高校可以邀请国外优秀的创新创业教育专家和学者来校交流讲学，组织国际化的教学团队，引进国际一流的师资资源。这不仅有助于提升本国师资队伍的水平和素质，还能够促进师资队伍的国际化和专业化发展，为学生提供更加优质的教学服务和指导。

第三，创新创业教育的国际化有利于拓展学生的国际视野和跨文化交流能力。深化国际交流合作，为学生创造丰富的国际交流与学习机会，提升他们的跨文化沟通能力，进一步开阔其国际眼界，培养他们适应全球化竞争的能力。学生通过与国外学生和教育机构的交流合作，可以了解不同国家和地区的创新创业实践和经验，拓宽自己的思维和视野，提升国际竞争力。

此外，创新创业教育的国际化还有利于促进产学研合作和创新资源的共享。通过国际化合作，本国高校可以与国外企业、研究机构等建立合作关系，共同开展创新创业项目和科研合作，促进产学研合作的深入发展，实现创新资源的共享和优势互补。这有助于加强本国创新创业生态系统的建设，促进科技成果转化和创新创业实践的落地，推动本国创新创业教育的持续发展。

总的来说，创新创业教育的国际化是提高本国创新创业教育水平的重要途径。通过借鉴国外创新创业教育的成功经验，引入先进教育理念和方法，促进师资队伍的国际化和专业化，拓展学生的国际视野和跨文化交流能力，促进产学研合作和创新资源的共享，我们可以推动本国创新创业教育不断完善和提升，培养更多具有国际竞争力的创新人才，为推动国家创新发展和经济转型升级做出积极贡献。通过国际化合作，我们可以构建一个开放、包容、合作的创新创业教育体系，为培养更多具有创新精神和国际竞争力的人才打下坚实基础。

二、国外创新创业教育的启示

（一）立足创新创业教育本质，实现创新创业教育协同发展

1.明确人才培养目标，深化创新创业教育的跨界和融合

开展创新创业教育，其目的不仅仅局限于教授学生如何创建企业，更在于全面培养他们的综合能力，这些能力对于他们的成长与发展至关重要。这些能力包括但不限于敏锐地发现和抓住机遇、高效整合各类资源、智慧地识别生活中的各种机会，以及具备前瞻性和批判性思维的素质。同时，创新创业教育还着重于提升学生的实际操作能力，使他们具备创业和管理新企业的能力。高校创新创业教育的发展对于学生的综合素质培养及他们未来的发展具有深远影响。推进高校教育教学改革的深入实施，就必须确立创新创业教育人才培养的明确目标。这一目

标要求我们突破固有的学科框架，将创新创业教育的精髓渗透到各个专业的教学实践中，并构建系统的创新创业学科架构，实现跨学科的创新创业教育融合。唯有如此，才能孕育出契合时代发展需求的创新型人才，同时全面增强学生的综合素质，进而为国家的繁荣富强贡献更为强大的推动力。

2. 加大政策支持力度，创造良好的创新创业环境

高校创新创业教育的实施与政府政策的扶持紧密相连。政策的科学性和有效性对于优化教育环境、保障创新创业教育可持续发展起着至关重要的作用。在借鉴国外先进经验的同时，要立足本国实际，注重政策的落地实施与创新。政府、高校、企业等各方需形成强有力的合作机制，共同推进高校创新创业教育的稳步发展，以更好地服务国家创新创业教育发展战略。

3. 积极搭建创新创业实践平台，提升创新创业教育的实践性

在实施创新创业教育的评估过程中，高校应当聚焦于学生在培养创新创业精神，以及提升实践能力方面的具体表现。为此，构建一个全面且高效的创新创业实践平台显得尤为关键。这一平台的构建将有助于更准确地评估学生的创新创业素养和实践能力，进一步推动高校创新创业教育的健康发展。为提升创新创业教育的质量，首要任务是强化创新创业基地的建设与发展，并主动招募具有丰富实践经验的创业导师，以确保为学生提供系统而深入的辅导与支持。同时，要积极组织学生全面深入参与各类科技竞赛，将所学的理论知识切实转化为实践操作，以此培养学生的创新思维和实际操作能力。此外，要进一步整合毕业论文设计、实习等实践教学环节，确保各环节之间紧密相连、相互推动，从而有效培养并提升学生的创新思维能力。另外，必须确保稳定的资金支持，用于学科建设、竞赛活动等方面。同时，为加强创新创业教育的实践性和实效性，必须积极整合各类社会资源，构建校外实践平台，并努力拓宽实践渠道。

（二）加强师资队伍建设，构建高水平师资队伍

1. 优化师资结构，建立专职与兼职相结合的师资队伍

在我国高等教育体系中，校外具有创业经验的人士兼职授课的情况并不多见，即使有兼职授课，其授课频次也相对较低，这在一定程度上对专业教师队伍的综合素质造成了一定的影响。同时，专业教师队伍中普遍存在的创业经历不足的问题也在一定程度上限制了对学生创新创业意识和能力的培养。为了有效改善这一现状，高校应积极拓宽师资来源，邀请具有丰富创业实践和成功经验的企业家和创业者参与教学活动，以他们的实战经验来启迪学生的创新创业思维。同时，高

校应坚持“专业与兼职相结合”的师资队伍建设原则，确保教师队伍既具备深厚的理论功底，又拥有丰富的实践经验。通过持续优化师资队伍结构，为创新创业教育的深入实施提供坚实的师资保障。

2. 注重师资培训与管理，提升教师教学水平

我国经济社会的迅速进步，促使教育领域持续深化教育改革与创新。作为跨学科的综合性学科，创新创业教育的核心目标在于培养学生的创新思维与创业能力，这要求教师不仅需要具备扎实的专业基础，还需要涉猎多元化的知识体系。为了适应教学改革和学科发展的新形势，高校教师需持续自我提升，在教学科研方面不断追求卓越，及时更新和扩充自身的专业知识体系。尽管在我国，创新创业教育的地位日益提升，但当前具备相关专业知识和实践经验的多数教师为临时转岗，师资队伍尚显薄弱。因此，高校应当将创新创业师资的培养与发展置于优先位置，加强校内外资源的整合与交流，以丰富教师的实践经验，提升其专业能力与教学水平。同时，建立健全创新创业师资的培训体系，为教师的专业成长提供坚实保障，为推动我国创新创业教育的蓬勃发展贡献力量。

3. 创新教学模式，促进理论与实践教学的有效结合

创新创业教育因其核心特性，在教学内容上展现出与众不同的风貌，与传统学科形成鲜明的对照。人才培养目标的明确性，更进一步确定了教学模式与授课方式的创新方向。除了系统的理论传授，实践教学在创新创业教育中也扮演着举足轻重的角色。为了使学生能够深入体验创业的完整过程，必须采取企业实践、创业论坛、项目创立等多种方式，让学生在实践中求知，在求知中实践。更新教学观念、创新教学方法是推动创新创业教育的关键所在。因此，教师需积极引导学生参与讨论，创建实际项目，并搭建与企业直接沟通的桥梁。在教学方法上，必须特别关注分组讨论和实践教学的重要性。这两种方式不仅加强了学生之间的交流与互动，还提升了学生的创新思维和实践能力。

（三）全面加强学科建设，融创新创业教育于专业教学

1. 完善创新创业课程体系，促进其与专业教育的融合

目前，我国高等教育在创新创业课程体系的构建上，仍显得不够系统和专业，存在着课时分配不均、课程规划缺乏统一标准、学科架构不完整等问题。鉴于创新创业教育的跨学科特性及对实践的应用，构建全面而完善的学生创新创业课程体系势在必行。这需要从整体上规划主导类课程，科学安排实践课程，确保其与各专业教学的紧密融合。具体而言，应积极引导学生培养创新思维，组织他们参

与企业的实地考察与实习活动，将创新创业的理念有机融入专业教学中，并开展项目研讨、专题讲座等多样化的教学活动。通过这些措施，我们期望能够有效提高教育教学的实效性，促进理论与实践的紧密结合，从而推动高等教育质量的整体提升。

2. 注重理论与实践的结合，提升学生的综合创业素质

创新创业教育必须实现理论与实践的深度融合，课程体系的构建务必科学合理。实践性课程的设置应规范化，既要注重项目实践，也要积极邀请外部专家参与授课，同时加强与企业的交流合作。理论课程的内容应当多元化，广泛涵盖多学科知识，以培养学生的综合素质。此外，学生应积极参与社会实践，深入企业一线，亲身体验企业的运营与管理，增强实践能力和创新意识。在课程安排上，应灵活多变，充分激发学生的创新热情和潜能，以提高教学的针对性和实效性。

3. 扩大主导课程的实施范围，有效培养学生的创新创业意识

“育人”作为高校创新创业教育的核心理念，其重要性不言而喻。创新创业教育主要致力于培养学生的创新思维、提升他们的素质教育管理能力，并培育出具有企业家精神的人才。尽管这种教育的影响并非立竿见影的，但其对于个人终身发展的深远影响不容忽视。因此，高校应积极推广并普及创新创业教育，规范相关课程设置，并纳入通识教育课程体系，确保教育内容与人才培养目标紧密相连。

第四章　我国高校创新创业教育的改革创新

我国高校创新创业教育的改革创新是推动人才培养和社会发展的重要举措，为培养更具创新创业素质的人才提供了更好的平台和机会。在推动创新创业教育发展的过程中，我国高校正在积极探索新的教学模式、加强实践环节、促进跨学科交叉等方面的改革举措，以适应时代发展的需求，培养更多具有创新创业精神的人才。本章为我国高校创新创业教育的改革创新，依次介绍了“融入式”创新创业教育、“广谱式”创新创业教育、协同机制视角下的创新创业教育、“数字时代”背景下的创新创业教育四个方面的内容。

第一节　“融入式”创新创业教育

一、“融入式”创新创业教育的基本内涵

高校贯彻落实《教育部关于大力推进高等学校创新创业教育和大学生自主创业工作的意见》和《教育部关于全面提高高等学校教育质量的若干意见》中加强创新创业教育的具体要求，切实做好素质教育背景下的创新创业教育与大学生自主创业工作，应对“融入式”创新创业教育的含义、目标、原则、内容、途径与方法等基本问题有理性认识。

（一）“融入式”创新创业教育的含义

高校“融入式”创新创业教育，是一种基于专业教育之上，新型且创新的教学模式。“融入式”创新创业教育致力于培养学生的社会责任感、创业意识、实践能力与创新精神，并使之全面贯穿于整个人才培养体系之中。“融入式”创新创业教育强调实践环节的重要性，实施分类培养策略，注重个性化教育，并充分利用与整合各方资源，以构建一套完整而高效的教育体系。“融入式”创新创业

教育的核心理念在于培养学生的创新精神和创业意识，提高其创业能力与综合素质，并引导他们积极履行社会责任。

“融入式”创新创业教育是教育发展的价值追求和革新方向，具有结构性、全面性的特点。它是对教育功能的重新定位，而非局限于教育教学方法的改良或教育内容的简单调整。这是一种反映时代精神，以培养创新创业人才为历史使命的、全新的教育思想和教育理念，反映了人们对高等教育本质及其规律的认识不断深化，是对高等教育教学活动的价值规范。

（二）“融入式”创新创业教育的目标

“融入式”创新创业教育的目标是实施这一教育所要达到的目的，是高校推进创新创业教育工作的根本出发点和落脚点。其目标主要体现在提升大学生创新精神、创业意识、实践能力与社会责任感，引导大学生掌握创办企业的基础知识与基本方法，以及推动高校人才培养模式创新三个方面。

1. 提升大学生创新精神、创业意识、实践能力与社会责任感

“融入式”创新创业教育旨在引领大学生树立创新精神，勤于思考，积极投身于创新型国家建设；增强大学生创业意识，敢于创新，拓展职业生涯选择途径；提升大学生创新创业能力，善于实践，具有毕业后实现岗位立业、开拓事业、创办企业的综合竞争力；增强大学生社会责任感，乐于奉献，在服务国家与人民的社会实践中实现自我价值，促进大学生全面发展。

2. 引导大学生掌握创办企业的基础知识与基本方法

“融入式”创新创业教育在提升大学生创新精神、创业意识、实践能力与社会责任感的同时，还引导大学生掌握创办企业的基础知识与基本方法，包括：大学生创业者素质、大学生创业团队组建、大学生创业项目选择、大学生创业融资、大学生创业计划书撰写、新创企业注册、新创企业管理等；引导学生熟悉创办企业机会的识别与基本过程，明确创办企业的方式方法，了解国家关于创办企业的法律法规，为大学生参与创业实践活动、创业项目训练与实践打好基础。

3. 推动高校人才培养模式创新

“融入式”创新创业教育旨在通过将创新创业元素融入专业人才培养方案与教学计划，进一步明确人才培养目标、规格、教学组织形式和教学管理制度；通过建立与专业核心课程相融合的创新创业教育课程体系，完善学业导师、科研导师、创业导师制度等创新创业教育保障机制，不断深化专业教育教学改革，推动人才培养模式实现根本转变，提高教育教学质量与人才培养质量。

（三）“融入式”创新创业教育的原则

“融入式”创新创业教育的原则是创新创业教育发展特点和规律的重要体现，是实施创新创业教育必须遵循的工作方针。

1．面向全体学生

“融入式”创新创业教育的基本原则是让每位大学生自觉参与其中，而不是将教育仅限于少数精英学生。这种教育不是针对特定人群，而是广泛面向所有学生展开的系统教育，旨在培养全体学生的创新创业能力，使他们具备创业精神和创新意识，并能在未来的工作和生活中应用这些能力。

2．基于专业教育

专业教育是推进“融入式”创新创业教育的基石，其中蕴含的专业基本理论和基础知识，是推动大学生创新创业的核心动力源泉。在专业教育的实施过程中，应着力培养大学生的机遇洞察能力、创新思维及参与实践的能力。通过这样的培养机制，有助于大学生将所学的专业知识和技能有效转化为创新创业的实际行动，进而增强他们在创业领域的综合竞争力。

3．实施分类培养

实施分类培养，作为“融入式”创新创业教育的核心理念，强调根据学生的个体差异和特长，进行有针对性的教育引导。这种个性化教育原则，旨在激发学生的创新潜力和创业精神，促进他们的全面发展。在创新创业教育中，要注重因材施教，结合学生的个性特点和需求，制定个性化的指导和培养方案。

4．强化实践环节

强调实践环节在“融入式”创新创业教育中占据核心地位，其不仅仅是专业实践教学的重要环节，更是对其的必要补充与深入拓展。创新创业教育致力于将专业知识与实践操作紧密结合，通过系统的创新训练与创业实践，全面提升学生的实践操作能力。同时，注重拓宽学生的知识领域，培养其综合素质。通过不断加强实践环节的训练，促使学生将理论知识转化为实践技能，培养其创新思维和创业精神，为未来的创业之路奠定坚实基础，全面提升其综合素质。

5．贯穿人才培养全过程

“融入式”创新创业教育在整个人才培养过程中具有广泛的适用性。这种教育模式将创新创业的理念和实践融入人才培养的各个环节之中，对于培养具有创新创业精神和实践能力的高素质人才，以及促进大学生的顺利就业和自主创业具有不可或缺的重要作用。同时，通过将创新创业教育有机地融入人才培养体系，能够引导大学生在进入社会后，具备所必需的基本价值判断力、国际竞争力等，从而为他们的全面发展和为社会做出更大贡献奠定坚实的基础。

（四）“融入式”创新创业教育的内容

1. 创新创业知识教育

“融入式”创新创业教育的基本内容是传授全面的创新创业知识。此知识不仅仅涉及人文科学、自然科学、技能应用等多个学科领域，更需深入融合理论与实践，为学生未来的创新创业之路奠定坚实基石。在教育过程中，引导学生深入理解和掌握与所学专业紧密相关的理论知识和实践技能，同时积极拓展学生的知识视野，使其能够全面把握本学科的基础知识和前沿发展动态。此外，要重视培养学生的创新创业实践能力，使其熟练掌握创业过程中不可或缺的基础知识和理论体系，如相关法律法规、团队构建、资源调配、风险管理、项目策划、融资技巧及战略规划等。通过这些深入而系统的教育培养，孕育出一批具备建功立业的坚定决心、企业创办的巨大潜力及服务人民的强烈意愿，同时基础扎实、知识融合、视野宽广的创新创业人才。

2. 创新创业意识教育

激发学生的创新创业意识，是推进“融入式”创新创业教育的核心任务之一，具有极其重要的心理引导作用。创新创业意识作为创新创业行为的心理基石，是人类意识活动中富有创造性、前瞻性和积极性的表现。它体现了人们对于新事物、新问题的探索欲望，对于新成就的追求渴望，是推动个人不断求异、求新、求变，实现人生价值和事业成功的内在驱动力。因此，加强创新创业意识的培养，对于激发学生的创新潜力，推动其积极参与创新创业实践，实现个人和社会的共同发展具有重要意义。创新创业意识教育在培养学生突破思维定式、摆脱认知局限、激发创新热情和创业激情方面发挥着关键作用。通过系统教育引导唤醒学生的求知欲和好奇心，推动其积极投身于创新创业实践；不断深化学生对创新创业的认识，使其深刻领会创新创业对个人成长和社会发展的重要性；激励学生勇于发现问题，对已有的结论或答案敢于质疑和提出不同意见；激励学生学会发现机会，使人生成长的各个阶段在已取得成就的基础上不断开拓；注重培养大学生的自主意识、问题意识、竞争意识、风险意识、协作意识、全球意识与未来意识等。

3. 创新创业精神教育

加强大学生创新创业精神培育，是推进“融入式”创新创业教育的关键所在。创新创业精神，作为创新意识升华至信念层面的心理表现，不仅仅体现了创新创业领域的人格特质，更涵盖了坚韧不拔、刚毅坚定、勇于担当、果敢无畏和自信自强等优秀非智力品质。这种精神，具备着突破传统观念、打破固有模式、革新陈规陋习、挑战旧有思想的勇气和胆识，是推动社会进步和科技发展的重要动力。创新创业精神，作为一种时代精神，它集合作、执着、敢为人先和创新于一体，体现了不畏艰难、敢于挑战、勇于探索的品质。

创新创业精神教育，旨在全面提升大学生的创新创业能力，深入传授创新创业知识，有效激发大学生的创新创业意识。在此过程中，鼓励学生面对困难不退缩，挑战权威不畏惧，持之以恒不懈怠，标新立异不盲从，自我挑战不满足于现状，引导学生坚持开展创新创业活动，形成创新创业习惯，将创新创业意识升华为创新创业精神。这不仅为学生参与创新训练和创业训练提供精神动力，还为他们未来的创业实践奠定坚实的思想基础。通过这样的教育，学生能够形成为事业献身的精神，培养对科学执着的态度及发现问题的能力。

4. 创新创业能力教育

深化大学生创新创业能力的培养，是实施“融入式”创新创业教育的根本使命。这种能力是一种多元化能力的集合体，与创新创业活动紧密关联，其本质在于培养创新思维与创业能力，具体体现在创新思维与创业实践的相互融合。创新创业能力，意味着个体需熟练运用已掌握的技能、信息与知识，提出创新性观点，发掘潜在问题，捕捉新机遇，推动理论创新，探索实践新方法，并在这些过程中展现出独特的创造力、发明力和开拓精神。这一能力不仅仅需要大学生具备扎实的理论素养和实践技能，更需要培养他们对市场的敏锐洞察力和前瞻性思维，从而推动创新创业活动的持续深化。

创新创业能力教育应贯穿于教学全过程，着重培育学生整合资源、设计创业计划、创办和管理新企业的能力，以及防范创业风险、把握创业机会的能力。同时，注重实践教学，帮助学生掌握科学知识、培养创新思维，提升分析和解决问题的能力，为未来社会创新奠定坚实基础。此外，还需加强创新创业方法和技能的训练，以提升操作和实践能力。

5. 社会责任感教育

培养大学生社会责任感，是“融入式”创新创业教育的方向性工作。社会责任感是创新创业范畴的精神状态特征，属于人格特征的范围。社会责任感的本质是创造价值、服务人民、报效祖国，即大学生在学习科学文化知识的同时，最大限度地关注集体、关注社会、关注民生，自觉维护社会利益和国家稳定与安全，坚持为人民服务与集体主义原则，正确处理个人与集体、与国家之间的利益关系，当个人利益与集体利益和国家利益发生矛盾时，主动以集体利益为重，以国家利益为先。大学生作为推动未来中国特色社会主义事业建设的主力军，随着现代经济社会对其要求的不断提高，社会公众对其期待的不断提升，由于其自身所具有的价值判断力，已经能够也应该在实现自身成长成才过程中，确立承担社会责任意识，树立为提升社会整体发展水平贡献力量的责任感。社会责任感教育就是通过组织学生参加创新创业训练项目的调查与研究、创业实践项目的运营，企业家论坛与创业主题报告、公益创业与帮扶等教育教学形式，引导大学生关注社会发展、关注民生幸福、关注国家富强，形成回报社会的感恩情怀和担当社会责任的使命感；引导学生学知识、勤实践、肯奉献，在实现人生社会化过程中不断学以致用和推动社会发展。

（五）“融入式”创新创业教育的途径与方法

“融入式”创新创业教育的途径是体现其内容、实现其目标的重要渠道。“融入式”创新创业教育的方法是其工作的重要组成部分，高校应深入理解和把握人才成长的客观规律，严格遵循教育教学的基本规律，紧密结合创新创业教育的独特需求，持续优化和创新教学方法和手段，切实提升创新创业教育的质量和水平，以培养出更多具备创新精神和创业能力的高素质人才。

1. 设计与开发创新创业课程

设计与开发创新创业课程，能够促进学生知识、能力和素质的全面发展。

课堂教学在推动创新创业教育进程中占据重要地位。高校需积极挖掘学生的内在潜能，并有效发挥教师的引导作用。通过灵活运用多元化的教学手段，如角色扮演、小组讨论等，大力推行参与式、项目化、模块化等教学方法，构建一个以学生积极参与为核心、以教师科学引导为支撑、以探究创新为主旨的教学模式，从而推动创新创业教育的持续深化发展。

高校需积极致力于完善学生的知识结构体系，将创新创业教育作为专业教育教学的重要组成部分，以突出其重要地位。通过精心策划与开发跨学科、跨专业的创新创业课程，明确纳入教学规划和学分制度。同时，紧密结合专业人才的培养目标和规格要求，构建与专业核心课程相互补充、多维度、全覆盖的创新创业教育课程体系。在专业教育和通识教育两大体系中，都应有机融合创新创业教育的核心理念和实践内容，以推动学生的全面发展。

2. 设计与强化创新创业实践

为了有效培育学生的创新实践与研究性学习能力，高校应持续深化创新创业实践教育。为确保创新创业实践与专业实践教学的紧密结合，高校需构建一个与之相辅相成的实践框架，实现两者的无缝对接。针对当前人力资源市场对高校毕业生理论与实践结合能力的新要求，高校应将研究竞赛、企业实践、社会服务和创新实践等核心要素有机融入专业实践教学体系中，并在学分配置与教学规划中明确体现。此举不仅有助于展现专业实践教学的时代特征和创新精神，还能全面促进学生的个人成长和职业发展，从而更好地满足社会的多元化需求。

创新创业实践教学、课外活动与社会实践是创新创业教育的重要途径。高校可以深入推进多元化教学模式的实施，全面挖掘并有效利用企业咨询、创新项目研究等多元路径，将创新创业实践与专业实践教学紧密结合，切实加强学生的创新创业知识与实践体验。同时，高校应积极引导学生树立研究性学习与创新性实践的意识，着力提升他们运用所学知识解决实际问题的能力，特别是在经济社会发展、居民生活改善、企业生产优化等关键领域中的具体问题，以推动学生创新精神和能力的发展。

3. 打造与建设创新创业文化

开展创新创业主题文化活动，营造创新创业教育文化氛围。高校应积极构建学生创新创业平台，并对学生自发组织的多样化学生社团给予大力支持。同时，高校还应积极整合校内外优质资源，精心策划并组织一系列创新创业教育活动，并将这些活动深度融入校园文化建设。通过这些举措，营造浓厚的创新创业文化氛围，使学生在参与过程中学习创新创业知识，领悟创新创业精神，不断提升自身的创新创业能力。

为了深入推进学生创新创业教育的全面发展，高校可以积极策划与开展各类创新创业文化教育活动。通过精心组织创新创业沙龙、企业家论坛等多样化的活动形式，结合参与式、讲座式等灵活多变的教学方法，全面提升学生的创新创业素质和能力水平。这些举措不仅有助于构建完善的学生创新创业知识体系，还有助于塑造学生坚定的创新创业人格特质，为新时代创新创业人才的培养奠定坚实基础。

4. 规划与开设创新创业教育实验班

为推动经济社会持续健康发展，需积极开设创新创业教育实验班，旨在培养一批具备高度创新能力和创业精神的领军人才。高校依托学科专业开设基于专业的创新创业教育实验班，这些实验班应将创新创业教育的核心理念与实质内容全面融入日常教育教学，确保学生在接受专业知识的同时，也能接受到系统的创新创业训练。高校应不断完善创新创业课程模块，丰富实践教学内容，构建多元化的创新创业实践平台。在人才培养方案的制定上，充分考虑专业创新创业人才的培养需求，制定出科学合理、有利于人才全面发展的培养方案。同时，深化专业教育教学改革，推动创新创业教育与专业教育的深度融合，促进复合型应用性创新创业人才培养模式的改革与创新。

创新创业教育实验班的教学，应积极采用灵活多样的教学方法，包括头脑风暴法、案例教学法、角色扮演法、实践练习法、游戏互动法、小组讨论法等，通过分组教学，指导学生组建创新创业项目团队，引导学生进行项目研究与团队运营，促进学生参与教学全过程。

二、“融入式”创新创业教育的科学定位

（一）高等教育的新理念

模式构建，理念先行。教育理念是否科学是高校“融入式”创新创业教育实施成功与否的关键。高校应在准确把握教育理念，以及高等教育理念内涵及特点的基础上，对“融入式”创新创业教育理念定位、提出意义及内涵进行系统研究，进而形成满足经济社会发展需求并符合高等教育发展规律的、科学创新的、与时俱进的创新创业教育理念。

教育理念是具有相对稳定性和延续性的教育思想、教育理想和教育观念体系，是一个上位概念，其外延宽广，体现了“教育应然”的价值取向，是理性思考和实践智慧的结晶，自觉映射了教育现实。因此，其对于教育事业的稳健发展起到了明确的指引作用，对教育实践活动具有重要的指导意义。高等教育理念作为教育理念的下位概念，体现出科学性与认同性、综合性与概括性、包容性与创新性等方面的特征。对高等教育理念进行发展与创新，是高等教育理念与时俱进、高校提升教育教学质量的客观需要。朱中华在《大众化背景下的高等教育理念创新》一文中指出“随着国家经济建设、社会发展对大学依赖性的提高，今天的中国大学不仅要从社会的边缘走向社会的中心，充分发挥其基本办学功能，适应和满足经济社会发展对高等教育的需求，还应与时俱进，拓展、提升办学功能，承担起引领社会发展的神圣使命”。作为高等教育理念创新的主体，高校要把握机遇、承担使命，为服务国家加快转变经济发展方式、建设创新型国家和人力资源强国的战略举措而进行理念创新、模式改革。将创新创业教育与素质教育、专业教育深度融合，为开展“融入式”创新创业教育奠定思想基础。

（二）素质教育的新境界

高等教育机构承担着培育人才的重要使命，始终以提升学生的综合素质为己任，坚决贯彻落实党的教育方针，坚守素质教育的核心理念，致力于培养社会主义事业的中坚力量。然而，随着产业结构的不断升级优化和市场经济的纵深推进，对人力资源的素质与结构提出了新要求，这无疑为高等教育机构的素质教育工作带来了新的挑战。由此，创新创业教育成为素质教育的新境界。

作为素质教育核心与灵魂的创新创业教育的提出，与目前正在实施的素质教育并不冲突，相反，是高校实施素质教育的必然趋势，是对素质教育的深化与提升，客观地反映了人们对高等教育教育理论与教育实践在理性认识上的进步。"融入式"创新创业教育精准把握了知识经济与市场经济的发展脉络，以及当代素质教育所承载的时代精神。其核心使命在于培养学生的创新意识，即着力提高学生的独立工作能力、创业实践能力，以及勇于冒险、敢于首创的精神风貌。通过不断加强学生的创业能力、创业意识与创新精神的培养，使素质教育的时代目标更加清晰、更加顺应时代潮流、更加得以提升。此外，素质教育高度重视学生实践能力的培养和创新精神的塑造，为创新创业教育的深入发展提供了创新思维、实际操作和明确方向的坚实支撑。"融入式"创新创业教育是一种全面参与并深入教育教学各环节与阶段的素质教育模式。其核心理念在于将创新创业作为关键要素，深度融入整个素质教育体系，实现创新创业教育与素质教育的有机融合。这种教育模式并非急功近利的精英教育模式，而是旨在通过广泛覆盖和深度渗透，培养具有创新创业精神和能力的全面人才。在推动素质教育发展的过程中，"融入式"创新创业教育发挥着决定性的作用，它有助于深化教育创新，推动教育教学改革，进而实现人才培养的全面升级。

深化对创新创业教育的认识，理解其作为素质教育新境界的重要价值。确立创新创业教育与通识教育、专业教育深度结合的发展理念，将其作为大学教育创新发展的核心方向。这一理念是素质教育内涵的深化与具体体现，其实践意义在于将学生的实践能力、创业意识与创新精神的培养融入素质教育的全过程，避免将创新创业教育局限于具体的创业技能操作层面，实现其全面发展与社会价值的最大化。

（三）专业教育的新内涵

作为孕育专业人才的摇篮，高等教育对于提高教育教学和人才培养的质量具有至关重要的作用，它更是培养创新型人才的核心场所。然而，当前知识经济和信息社会的迅猛发展给高等教育带来了前所未有的挑战。在信息化浪潮的推动下，知识更新的周期日益缩短，信息技术的运用也越来越广泛。特别是新技术革命的加速推进，使技术与知识在企业生产中的密集度持续攀升。这一现象不仅推动了产业结构的深刻调整，还在青年就业市场中引发了剧烈的波动，甚至导致了大量的失业现象。同时，在知识经济的大背景下，创新已经成为人类认识自然、改造世界的核心动力。经济发展方式日益依赖于知识的创新、应用和传播。创业成为人们岗位立业和无岗位创办企业的重要体现。因此，创新创业教育成为专业教育的新内涵。

作为专业教育有机组成的创新创业教育的提出，是高校深化专业教育教学改革的必然选择，客观地反映了人们对专业教育的深刻感悟。“融入式”创新创业教育在专业教育中的地位不可忽视，其展现了专业教育在知识经济时代中的创新性和先导性。其核心目标在于激发学生的创业潜能，培养他们的创业意识与创新精神，进而通过专业教育这一载体，孕育学生的创新意识。实质上，创新创业教育并非游离于专业教育之外，而是贯穿于其理论教学与实践教学的全过程中，成为一种融合于专业教育内部的教学模式与理念。这种教育模式不仅促进了专业教育的深化发展，还能够及时吸纳并反映本学科专业及相关行业、产业的最新成果，使教育者和学生都能掌握本学科专业与交叉学科的前沿信息，并把握专业领域的最新知识动向。

缺乏专业教育的创新创业教育，其深度和广度都将受限，难以实现持续稳健的壮大。专业教育所蕴含的基础知识和基本理论是激发学生创新精神、培养创业意识和提升创业能力的根本所在。因此，构建在通识教育之上的专业教育，为创新创业教育的理论与实践提供了坚实的支撑。将创新创业作为核心要素融入专业教育之中，推动二者的深度融合，充分凸显了在推进专业教育进程中，创新创业教育的关键性战略地位。深入理解并全面把握创新创业教育的新内涵，有助于确保学生创业能力、创新精神和创业意识的培养，推动教育全面进步和学生综合素质提升。

（四）就业教育的新指向

高校实施就业教育，重在以转变学生就业观念、提高就业竞争力为先导，以引导大学生掌握职业生涯规划、选择职业方向、制作就业简历、学会就业面试的基础知识与基本技能为重点，以提高学生就业竞争力与实现灵活就业为关键，力促毕业生初次就业率基本稳定和岗位就业人数不断增长。随着社会的不断发展，产业结构、工作岗位、社会职业及人力资源市场均呈现出持续的变化态势。在这样的时代背景下，高校毕业生面临着前所未有的新挑战与新机遇。他们实现充分就业的不确定性逐步增大，但同时也为他们提供了更多的可能性，以适应变化并实现岗位和职业的顺利转换。因此，创新创业教育成为就业教育的新指向。

从狭义层面上讲，创新创业教育是一种以创办企业为主导方向的自我聘用就业模式的教育。全新的就业模式成为实现高校毕业生灵活就业的新引擎，无论是生存型还是机会型的创办企业教育，都是新时代就业教育的重要引领，对于指导毕业生调整就业心态、完善就业服务与指导的体系与范畴，以及深化其对于创业、职业、学业与就业之间内在联系的认识，具有至关重要的作用。

毕业生除了岗位就业或自主择业，还有更多实现个人价值的方式。为更有效地推动毕业生的职业发展与创业活动，可以将创新创业教育与就业指导进行深度融合，使创新创业成为推动学生全面成长与自主就业的核心要素。此措施进一步凸显了创新创业在就业指导中的重要地位，为毕业生提供了更加多元化、广阔的职业选择空间。

要确立以创新创业教育为核心，培育学生主动预见和灵活应对社会变革的自主创业能力和全面素养的指导思想，就必须深刻认识到，创新创业教育是推动就业教育发展的重要方向，对于培养新时代高素质人才具有重要意义。这一理念的实践意义在于纠正人们过去对于创新创业教育的片面理解，即仅将其局限于自主选择已有岗位和固定岗位就业的范畴内。为了确保学生的创业能力、创业意识与创新精神的培养能够全面融入整个就业教育的指导与服务体系中，必须对这一理念进行深入贯彻与实践。

（五）思政教育的新载体

在经济全球化的背景下，高校思政教育必须坚持以理想信念为核心，致力于培养德智体美劳全面发展的社会主义建设者和接班人。面对经济全球化和价值多元化的挑战，思政教育应紧密结合经济社会发展需求和国家发展目标，以满足学生全面成长的深层次需求。鉴于当前大学生创新意识相对薄弱的现状，创新创业教育已成为高校思政教育的重要平台和有力抓手。高校应通过创新创业教育，激发学生的创新精神和创业意识，促进他们成为具有社会责任感和创业能力的优秀人才，为实现中华民族的伟大复兴贡献青春力量。

创新创业教育是思政教育的重要载体，两者在目标、方式和内容上高度融合、相互支撑，充分展现了新时代思政教育的新理念和新诠释。这种教育模式深刻体现了党和国家对大学生思政教育的新期待和新要求。思政教育在培养学生的成长与发展中起着至关重要的作用，其为创新创业教育的推进提供了明确的政治方向与思想基础。思政教育通过培养学生的优良品德，以及社会使命感和责任感、艰苦奋斗精神、正确人生观，为创新创业者提供了强大的精神支撑和道德引领。创新创业教育在传授知识技能与方法的同时，更要引导学生深刻领悟市场经济规律与中国现代化进程。通过实践合作创新，培育学生的企业家精神，为实现思政教育目标提供坚实支撑。将创新创业教育与思政教育紧密结合，是发挥其在培养社会主义事业建设者中独特作用的关键途径。二者的融合，将创新创业元素深度融入思政教育，彰显其创新性和引领性，为培养更多符合时代要求的社会主义建设者和接班人贡献力量。

确立创新创业教育作为思政教育新领域的重要理念，是对其作为思政教育新载体的深刻认识与准确把握。这一理念的实质在于借助创新创业教育的力量，将思政教育与外部资源有效融合，进一步增强社会责任感、提升思想道德素质、巩固学生的理想信念。此举不仅仅构建了新的教育平台，更为学生提供了在创新创业实践中锻炼能力和培养意识的宝贵机会。通过这样的教育路径，学生将更好地适应社会发展需求，为国家和社会的繁荣稳定贡献青春力量。

三、“融入式”创新创业教育的基本框架

为深化高校教育教学改革，提高人才培养质量，推动创新创业教育发展，高校应全面整合创新创业教育理念与内容，将其贯穿于人才培养的各个环节，遵循“以创新意识培养为目的，面向全体、基于专业、分类培养、强化实践”的工作原则，积极推进“融入式”创新创业教育的深入实施并科学构建其基本框架。“融入式”创新创业教育的基本框架，如图 4-1 所示。

图 4-1 “融入式”创新创业教育的基本框架

（一）融入创新的培养方案

高校不断深化教育教学改革，以满足经济社会发展对高层次、高素质创新创

业人才的需求，而提升教育教学水平与人才培养质量是教育教学改革的主要目的，进行人才培养模式改革与创新是教育教学改革的有效载体。高校需要明确人才培养模式的内涵，了解人才培养模式改革的意义，研究人才培养模式改革与创新的路径，进而提出适应时代发展与社会需求变化的、将创新创业元素融入其中的专业人才培养方案。人才培养模式的改革与创新，对于建立健全创新人才培养体系、深入推进教育教学改革、促进专业与社会需求的紧密结合，具有举足轻重的意义。具体而言，人才培养模式涉及开拓新的人才培养路径、明确人才培养的具体目标、强化师资队伍建设、优化教学组织设计、制定科学的人才培养方案、完善课程教学体系及更新教育教学理念等多个方面。其改革与创新途径分为全校性人才培养模式改革与创新、专业人才培养模式改革与创新、专业人才培养方案改革与创新，而专业人才培养方案改革与创新是专业人才培养模式改革与创新的重要内容。高校遵循时代性、全面性、实践性、整体性、灵活性等原则，对专业人才培养方案进行改革与优化，致力于将创新创业教育与专业教育深度融合。通过明确将创新创业教育的学分纳入专业人才培养的总学分体系，确保创新创业元素和专业人才培养方案的无缝对接。同时，将创新创业教育的理念和精神融入专业教育教学改革的指导思想，确保其在专业教学主渠道的各个环节中得到充分体现和落实。通过这些举措，高校确保创新创业教育在人才培养的全过程中发挥引领作用。通过将创新创业教育融入专业人才培养方案，深化以学分制为重点的专业教育教学改革，推动创新创业教育向纵深发展，实现学生增长创新创业知识、强化创新创业能力、提升创新创业素质的教育目标，为开展“融入式”创新创业教育提供实施路径。

（二）立体多样的课程体系

随着高等教育的不断发展与高校规模的急剧扩张，为满足高等教育发展与改革和学生发展与就业的需要，课程建设的重要性日益凸显。高校应对课程的概念、类型、主要特点、建设趋势进行了解，对高校创新创业教育课程的内涵、主要特点及融入专业课程的重要性进行分析，从而构建出立体多样的“融入式”创新创业教育课程体系。

“融入式”创新创业教育课程体系建设是一种有目的的教育活动，具有专业性、前沿性、主体性等特点，并且随着高等教育的不断发展，其建设主要呈现出精品化、多样化、集群化和信息化等发展态势。随着我国对创新创业教育的深入推进，创新创业教育课程应运而生，并且成为一类重要的新兴课程。在提升学生综合素质方面，该课程注重培养学生的实践能力和创新思维，以促进学生全面发展为目标。在课程设置上，创新创业教育课程强调知识的综合性和实践性，旨在为学生提供更加全面、系统、实用的知识和技能。同时，该课程还注重培养学生的创新精神和创业能力，帮助学生掌握创新创业的基本理论和实践技能，为未来的创新创业活动奠定坚实的基础。将创新创业教育课程融入专业课程体系，能有效推动高等教育教学改革，促进创新型人才与个性化人才培养，充实高校专业课程体系，增强学生综合素质与就业竞争力。为此，高校必须高度重视资源整合与拓展工作，坚定不移地聚焦课程教学这一核心环节，积极贯彻个性化培养等基本原则，全力构建“融入式”创新创业教育课程体系。具体而言，需设置涵盖创新创业教育的跨学科专业课程模块，确保学生在不同学科领域都能获得创新的启发和创业的技能。同时，要加强创新创业教育的专业课程模块，为学生提供深入系统的创业理论知识和实践经验。此外，还应设置创新创业教育通识课程模块，以培养学生的创新创业意识和全球化视野。高校可根据相关文件内容制定相关课程要求，以确保教学质量和效果。学生修读完成各类创新创业教育课程可获得相应创新创业教育学分。“融入式”创新创业教育课程体系构建，以学分制建设为突破口，推动通识教育与专业教育改革，促进学生创新创业知识素养提高与创新创业精神提升，为开展“融入式”创新创业教育提供有效载体。

（三）系统多元的实践平台

经济社会发展需要高校培养更多具有较强创新创业实践能力的高级专门人才。作为培养学生实践能力的重要途径，高校应对实践教学的内涵及发展趋势进行分析，并以此为基础，研究高校创新创业教育实践教学的概念、类型、主要特点及其融入专业实践教学的重要性，从而构建出系统多元的“融入式”创新创业教育实践教学平台。

实践教学是巩固理论知识并加深对理论认知的有效途径，是培养学生实践动手能力的重要环节，主要具有认知与探索的统一、理论与实践的统一、开放与规范的统一等特点，并呈现出系统化、多样化等建设趋势。“融入式”创新创业教育实践教学作为以丰富学生创新创业知识学习与体验感悟为目的的实践教学活动，主要体现出较强的多元性、系统性、人文性。将创新创业教育实践教学融入专业实践教学，能切实增强学生的科研精神、合作精神与创业意识，提升实践能力与社会责任感，促进学生灵活就业与自主创新。因此，高校必须紧密围绕区域经济社会发展的战略需求，强化研究自主创业实践能力和创新实践能力的培养，要坚守以专业实践教学为核心。在此基础上，构建“融入式”的创新创业教育实践教学平台，该平台包括但不限于感悟式教学平台，旨在激发学生对创新创业精神的内在认同；探究式教学平台，以深化对创新创业教育实践教学的理论认识；实践式教学平台，为学生提供亲身参与创新创业活动的机会。与此同时，根据相关文件内容，制定关于创新创业实践训练项目教学的基本要求，以确保教学质量和效果，学生完成实践教学活动可获得相应创新创业教育学分。构建“融入式”创新创业教育实践教学平台，以切实突出专业实践教学的创新性与时代性，提升学生创新精神与实践能力。

（四）利于创业的培养模式

随着经济全球化的发展，创新创业实践活动对推动国家经济社会发展的重要性备受关注。高校应对潜在创业者的内涵、特质，以及潜在创业者培养的内涵、特点、提出背景、价值等内容进行研究，并充分借鉴国内外高校潜在创业者培养的先进经验，从而构建科学多维的潜在创业者培养模式。

潜在创业者培养是在大学生就业形势严峻、大学生创业态势呈现“一高三低”（创业热情高、自主创业率低、成功率低、产品技术含量低），并有大量创业者开展创新创业实践活动以促进经济社会发展的情况下提出的，其培养本身具有科学性、认同性、综合性、创新性、针对性、潜在性等特点。培养潜在创业者能满足创业型经济发展需要，提升大学生就业竞争力与自主创业力，并实现“创业带动就业”，使大学生不仅仅是求职者，更是岗位工作的创造者。为此，高校可借鉴美国、瑞典、英国、日本等国家高校，以及我国清华大学、上海交通大学、浙江大学、黑龙江大学等高校成功进行潜在创业者培养模式的实践探索，构建符合本校实际的、科学多维的潜在创业者培养模式，即创业实验班潜在创业者培养模式、创业实践基地潜在创业者培养模式、创业高级孵化器潜在创业者培养模式，以及“三点联动”潜在创业者培养等模式，并明确各类潜在创业者培养模式的定位及内容。构建潜在创业者培养的多维模式，能有效增强潜在创业者创业素质与能力，提升其创业成功率，开辟“融入式”创新创业教育新领域。

（五）全面科学的保障机制

高校能否探索并建立相应的长效机制，并对创新创业教育资源进行有效整合与利用，是决定其能否从长远角度推进创新创业教育发展、提升人才培养质量的重要因素。高校应研究创新创业教育保障机制内容及其重要性，构建全面持续的

“融入式”创新创业教育长效机制。“融入式”创新创业教育长效机制建设是一项系统工程，着眼于规范、稳定、配套的制度体系建设，着眼于与创新创业教育的同步发展、丰富与完善。高校应以发展的眼光，构建“融入式”创新创业教育长效机制，将激励、制度、社会支持等方面内容纳入其中，构建“融入式”创新创业教育长效机制，建立合理有效的教学体制、运行与保障机制、激励与竞争机制，营造良好的创新创业教育环境，有效促进高校教育事业健康发展，提升人才培养质量，为开展“融入式”创新创业教育提供全面保障。

第二节 “广谱式”创新创业教育

我国高校创新创业教育的核心发展路径在于推行“广谱式”创新创业教育模式。这一方向得到了国务院和教育部所颁布的三份纲领性文件的明确支持与强调。早在 2010 年，教育部已明确提出，创新创业教育应面向全体学生进行，并强调其在整个人才培养过程中的不可或缺性。随后，在 2012 年，教育部进一步明确了实施“广谱式”创新创业教育的重点。2015 年，国务院办公厅再次重申了其核心原则和总体目标。这种教育理念的核心在于将创新创业教育深度融入教学体系的主线，旨在全面提升学生的创业能力、意识及精神，从而培养出具备高素质的创新创业型人才。“广谱式”与“专业式”创新创业教育是互为补充、相辅相成的教育体系，贯穿各个教育阶段，是构建全民创新创业教育体系不可或缺的重要环节。此种教育模式已成为长期的理论研究与实践探索的重要方向，同时作为高校创新创业教育的政策导向，其也是目前高校创新创业教育的主要发展趋势。“广谱式”创新创业教育对于推动经济转型升级、提升国家竞争力具有重大的战略意义。

“广谱式”创新创业教育的持续推进源于高校现行教育模式的不足，如部分高校在实施过程中未能充分重视广大学生创业精神和创业意识的培养，而过度聚焦于少数学生的创业技能培训，这种倾向性做法偏离了教育的初衷。此外，一些高校在推进创新创业教育时，未能与学科教育紧密结合，导致教育覆盖面广而不精，缺乏深度和针对性。对于毕业后创立企业的学生，高校也缺乏持续的教育、服务和咨询支持，使创新创业教育在离校后难以为继。更为关键的是，部分高校未能充分关注少数学生在大学期间或毕业时的创业需求，而是将创新创业教育泛化，未能精准满足学生的实际需求，这严重制约了创新创业教育的有效性和针对性。“广谱式”创新创业教育的提出，正是为了解决上述问题，推动高校创新创业教育向更深层次发展。它强调在教育过程中明确方法、对象、性质和途径，确保教育方向清晰、目标明确。通过实施“广谱式”创新创业教育，可以有效破解高校创新创业教育中存在的广谱与专业、全覆盖与个性化、在校时与离校后、多数与少数等矛盾，为培养更多具有创新精神和创业能力的人才提供坚实的支撑。

一、“广谱式”创新创业教育的基本内涵

“广谱式”创新创业教育不仅仅是对“广义的创业”和“广义的创新”的综合理解，更是对创新与创业之间密切关系的深入探索。在这种教育模式下，创新不仅仅停留在理论的构想上，更强调其应用于创业实践的能力。正如蒂蒙斯（Timmons）所言，创业如同经济的发动机，创新则是驱动这个发动机的动力源，二者相辅相成，共同推动着社会的进步与发展。我国教育部将创业教育更名为“创新创业教育”，反映了对创新与创业密切关系的认知，这一转变意味着我们要将创新贯穿于创业的全过程，从创意孵化到商业化落地。将“创新”置于“创业”之前，则意味着我们强调的是以创新为导向的创业，强调的是创新的驱动力和创新的导向为创业增添了更多元的内涵与维度。这种“广谱式”创新创业教育不仅仅是为了培养创新创业者，更是为了培养具有创新思维和创新能力的社会人才。它的目标不仅仅是在学生心中播下创新创业的种子，更是要让他们在未来的职场中，无论是成为创业者还是职场精英，都能够以创新的姿态应对未来的挑战。

“广谱式”创新创业教育旨在实现“普及”与“广义”的双重目标。其贯穿于人才培养的整个过程，坚持以学生为中心，将创业教育与专业教育有机结合。在教育模式上，该教育方式摒弃了商学院传统的专业性创新创业教育模式，提出了更具普适性的教育理念和模式；在教育内容上，注重培养学生的创业能力、创业思维、创业精神和创业观念，强调广义性、普及性的创业教育。创业教育的实施必须建立在专业教育的基础之上，实现二者的深度融合。创业精神对于每一个学生都具有重要意义，因此所有对创业有兴趣的学生都应当被赋予接受创业教育的权利和机会。教育的目标不仅仅是传授创业知识和技能，更重要的是激发学生的创业潜能，培养他们的创业素质，使他们成为具备创新精神和实践能力的优秀人才。

二、“广谱式”创新创业教育体系特征

（一）面向全体学生

“广谱式”创新创业教育体系的核心特质在于其“广”的覆盖面，这一体系

明确地将所有大学生纳入其教育范畴。在实施创业教育的过程中，高校将秉持公平、公正的原则，确保所有学生均能接受到系统的通识教育，不因学生个体对创业的态度差异而有所偏颇。

（二）分层特征

在高等教育领域中，存在着多样化的专业方向，这些方向各自拥有鲜明的特点。为了充分激发广大学生的创新创业潜能，各大高校均根据自身的专业特色，精心设计和构建了具有针对性的创新创业教育体系。经过长期实践的积累与不断优化，这些基于分层理念的创业教育体系已经逐渐成熟和完善，能够为不同专业的学生提供高效、优质的教学服务，进而有效推动创新创业教育的深入发展。

（三）差异特征

在高校教育教学的实施过程中，面对创新创业教育的理念，学生群体的反应呈现出多样化的态势。其中，一部分学生已经形成了较为完善的创业构想，并具备相对成熟的思维框架，他们迫切需求高校提供必要的资源和场地支持，以推动其创业计划的落地实施。另外一部分学生，则在创业道路上尚显迷茫，需要教育者的引导和协助，为其创业方向提供明确的指引。因此，在推进创新创业教育的进程中，高校必须充分尊重个体差异，提供差异化的服务策略，以满足不同学生的需求。此种教学模式，其核心理念在于全面覆盖与因材施教的有机结合，这正是“广谱式”创新创业教育体系所追求的核心特质。

三、“广谱式”创新创业教育的体系架构

“广谱式”创新创业教育的突出特点是面向全体学生，既考虑大多数，也不忽略极少数。为了达到这个目标，在高校深入开展“广谱式”创新创业教育既需要从整体上进行顶层设计，更需要分层次、分阶段、分群体具体推进，整体包括四个层面的体系架构。

（一）“通识型”创新创业启蒙教育

1. 教育对象与目标

“通识型”创新创业启蒙教育面向全体学生，主要目标是培养“创业精神”、植入“创业意识”，培养学生“自主工作”和“持续学习”的能力。在这里，之所以高度重视创业精神和创业意识培养，是因为在学生缺乏创业精神准备，还不

想自己创办企业的情况下，着重向他们讲怎样去创办企业是没有用的。通过这些启蒙教育，在学生的头脑中植入强烈的创业愿望，种下对创业心向往之的种子，以期这粒种子在将来遇有合适的水分和土壤会发芽、开花、结果。有学者将这样的教育称为“塑造气质的教育”，认为这个层面的创业教育“是复合的创业型教育，是创事业的教育，是培养不仅仅以单次创业成功、个人创业成功为目标，而是更着眼于社会，有成为开拓者希望的创业家的教育”①。在日本，创新创业教育课程分为两类：一类是面向具有实际创业志向学生的专门教育型课程，另一类是面向一般学生的教养型课程。这一分类方法对我们很有启发，但是对于第二类学生，还要进行细分。“一般学生”在接受了创业教育之后，可能分化为两类：一类是确认自己不适合或不愿意创业；另一类是萌生了创业理想和志向，但不是在大学期间或大学毕业时就来实现它，而是先选择就业，工作一段时间之后，再决定是否走向创业之路。面向“一般学生”的创业教育要充分考虑到这个层面的需要，它是将“一般学生”变得“不一般”的重要途径。当然，这些经由就业走向创业的学生，经过 5～10 年的工作，又会分化为三类：一类是甘心做职员，彻底放弃自主创业；一类是进入管理层，成为“内创业者”；一类是成为“另起炉灶”的自主创业者。对于这种千变万化的未来之路，我们如何通过大学期间的教育做到有效应对呢？这就在客观上决定了面向全体学生的创新创业“启蒙教育”主要是“创业教养”的教育，重在塑造学生的“创业气质”。

2. 教育形式与载体

“通识型”创新创业启蒙教育主要通过课堂教学和参与体验来实现。课堂教学要重点解决两个问题，一个是“教什么”，也就是教学内容的问题。有学者通过对比教室学习环境与企业家真实世界的学习环境后发现，“学校非常强调过去，聚焦于理解、反馈和大量信息的分析。在真实世界中，企业家聚焦于现在，没有时间进行批判性分析。他们花费大多数时间处理问题，通过自己的经验、通过做来学习，即做中学”②。由此，我们可以看到，课堂教学要突出强调创设高度贴近企业家真实世界的学习环境，教学内容要“厚今薄古”，高度关注现实，将解决实际问题作为教学的中心内容。另一个是“如何教”，也就是教学方法的问题。在教学方法上，突出强调探究式教学方式，采取案例式教学方法。但是，对于案

① 葛宝山，陈沛光，高洋．促进中国创业教育发展的关键因素研究[J]. 学习与探索，2011 (6)：171—173.

② 沈超红，陈彪，陈洪帅．创业教育“时滞效应”与创业教育效果评价分析[J]. 创新与创业教育，2010，1 (4)：3—7.

例式教学的实际效果也不能一概而论，不能片面地认为采取了案例教学法就是好的。学者艾伦·吉布（Allan Gibb）提出了自己的看法，他认为占优势地位的案例教学方法如果强调理论分析而不是自觉性决策和创造性实验，那么案例教学也是反创业模式的。[①] 由此可知，案例教学方法不过是教学手段而已，更为重要的是用它来达到什么样的目的。教学方法要重点突出学生的主体地位，通过引导学生进行自觉性决策和创造性实验来激励和培养学生的创业行为。

参与体验的方式有很多。一是通过举办各种类型的创业竞赛来吸引大学生积极参与创新创业。例如，共青团中央、中华全国学生联合会等针对青年群体共同举办的“创青春”中国青年创新创业大赛，在全社会营造了理解、重视、支持青年创新创业的良好氛围；教育部、科技部针对留学生群体举办的“春晖杯”中国留学人员创新创业大赛，创造条件推动留学人员回国创办高新技术企业；中国“互联网＋”大学生创新创业大赛切实激发了大学生的创造力，培养和造就了“大众创业、万众创新”的生力军。二是举办各种创业活动，创造更多的参与体验机会。例如，2015 年举办的首届“全国大众创业万众创新活动周”，主题为“创业创新——汇聚发展新动能”，全面展现了我国进入“双创”新时代的风貌，弘扬了“敢为人先、追求创新、百折不挠”的创业精神，厚植了创新创业文化，增强了创新创业意识。三是通过创业园、大学科技园作为初创企业的孵化器，通过支持学生社团或创业俱乐部开办创业暑假学校、举办创业论坛等方式，来切实地推动“广谱式”创新创业教育的深入开展。

（二）“嵌入型”创新创业整合教育

1. 教育对象与目标

“嵌入型”创新创业整合教育面向各个学科专业的学生，主要目标是根据不同学科的特点，引导学生根据专业特长进行创业。当前，高校创新创业教育课程存在的共同缺点就是与各学科专业教育的疏离。有学者指出：“目前实践和研究多集中在创业教育和专业教育的各自领域，缺乏系统性研究，缺乏二者之间融合并使之融入学校整体教学体系之中的有效机制，这就使创业教育理念的灌输和创业教育实践的可持续发展缺乏支撑动力。”[②] 为了切实解决这一难题，需要全面建设“嵌入型”创新创业整合教育课程体系，通过将创新创业教育的理念和思想“嵌

① 牛长松．英国高校创业教育研究 [M]. 上海：学林出版社，2009.

② 王丽．创业教育与专业教育共生融合路径研究 [J]. 无锡商业职业技术学院学报，2010，10(5)：47–50.

入”各个学科专业，开发多样化的学科创业课程，从而实现创业教育与专业教育的“捆携式发展”，以此来达到面向全体学生开展创业教育的“全覆盖”和“个性化”目标。

当前，很多研究创新创业教育的学者在论证创新创业教育与专业教育的关系时，普遍提出了“渗透型”“融入型”的思路，将创新创业教育的内容全面“融入”专业教育，或者是在专业教育中“渗透”创新创业意识、创新创业精神。这两种做法在设计时看似会减少创新创业教育与专业教育结合的难度，但在实际运行过程中却会遇到非常大的困难。因为学科专业的课程由不同学科的教师开设，已经形成了固定的课程范式，在原有框架的基础上融入和渗透创新创业教育的意识和精神，往往会体现为教学大纲中的指导思想，却不会在实际教学中付诸实施。有学者运用生物学中的共生理论来探讨创新创业教育与专业教育的关系，认为二者既不是寄生条件下的“点共生”模式，也不是偏利共生条件下的“间歇共生”模式，而是对称互利共生条件下的“一体化共生”模式。这也正是本书采用“嵌入型”，而没有采用“渗透型”“融入型”的主要原因，因为“渗透”和“融入”都是以专业教育为主，将创业教育纳入其中，这容易使创新创业教育失去自身的主体地位，成为专业教育的“寄生物”。“嵌入型”则不同，它是突出二者的相互促进和支持，优势互补和交叉渗透，最终目的在于形成新的教育体系。二者结合的过程是一个互利共赢的过程，一方面以创业教育的新理念为指导，深化专业教育的改革，促进专业教育的发展；另一方面通过在专业教育中开展创新创业教育，创新创业教育的嵌入并不影响现在已有的知识传授，这样就在实际上扩展了创新创业教育的实施平台和发力空间，使创新创业教育的合法性不断增强，从而获得可持续发展和进步。通过有效的结合，最终产生一个包括一般性创新创业课程、专业技术领域课程、体验性创业课程三类创业型课程群，实现对本学科专业学生的个性化创新创业教育。

2. 教育形式与载体

创新创业教育与专业教育紧密结合是绝大多数从事创业教育教学、研究与实践的学者的普遍共识，但是当前存在着理论与实践的背离。在理论上，大家都认为创新创业教育应该与专业教育相结合；在实践中，却实行着与专业教育相分离的创业教育。究其原因，不是不想结合，而是缺少具体的途径，使“嵌入”难以进行。这里提出“三分两结合”的嵌入思路。

一是分专业、分阶段、分群体嵌入，提升课程的针对性。首先是“分专业”实施个性化培养。不同专业面临着不同的创业形势，对应着不同的创业市场，创新创业教育“嵌入”专业教育，必须区别不同的专业特征，制定个性化的教育方案。例如，在创业形势方面，2000年前后兴起了网络创业，但是随之而来的网络泡沫经济又使网络创业迅速走向低谷。对于软件和计算机专业的学生进行创业教育，如果能以这一具体过程作为案例，进行深入剖析，就会收到事半功倍的效果。因此，创业教育“嵌入”专业教育，就是要以专业为基点，夯实专业基础，发挥专业优势，尤其是专业前沿的优势，满足技术创业的需要。其次是“分阶段”实现接续性培养。学生在大学的学习分为不同阶段，整体上来看，有本科、硕士、博士三个学历阶段，而在本科阶段，又分为四个年级，每个年级都有不同的专业教育内容和目标。针对这一现状，有学者提出在不同教育阶段，创新创业教育课程应“梯级性”开设。具体设计是将本科四年分为两个阶段，为大学一、二年级学生提供入门和中级的创业教育课程，其课程开设方式既可以在大类课程中单独设置，也可以渗透于某门学科；为大学三、四年级学生提供高级创业课程，既可开设辅修或强化项目，也可专门设立创业学方向。硕士生阶段开设针对全日制研究生或工商管理硕士（MBA）学生的创业学课程。博士生阶段开展创业学的专门化研究。①

二是重点推进“嵌入型”创新创业整合教育课程与专业的深度结合。首先是创新创业教育“嵌入”单一学科，促进创新创业能力培养与专业能力提高相结合。这一做法重在将科技威力与创业精神相结合，因为成就非凡的工程师不但具有学术的造诣，而且拥有创业型的技能。通过这种结合既培养具有科技专业知识的企业家、知识创业者，也培养具有企业家素质的科学家、工程师和大学的“平民学者”。这种实践模式抓住了大学生创业的关键，即高科技创业，这是克服当前中国大学生创业“同质化”倾向的重要途径。其次是创业教育“嵌入”多学科，促进创业体验教育与多学科交叉相结合。在很多情况下，阻碍研究成果商业化的根源并非技术本身的问题，而是导致商业化过程变得复杂的法律问题或市场问题。为了解决这一关键问题，具体途径就是构建团队开发和利用商业创意，使经济、商业的学生和其他学院不同背景的学生混合在一起学习。以创业为共同目标，将不同专业的学生聚集到一起，为多学科交流搭建平台，可以切实打破不同学科之间的分离状态，为从交叉领域诞生创业机会奠定坚实基础。

① 梅伟惠，徐小洲．中国高校创业教育的发展难题与策略[J].教育研究，2009，30（4）：67—72.

（三）“专业型”创新创业管理教育

1. 教育对象与目标

“专业型”创新创业管理教育面向有明确创业愿望、在大学期间就想创业或是下定决心毕业时就创业的学生，主要目标是提升学生创业实战技能，培养实际创办企业的能力，主要通过开办创业先锋班（OBP）进行。有学者将这个层面的教育称为“单纯的创业性教育，是创建企业的教育，是培养创业者的教育”①。这个层面的教育要培养受教育者形成创业所必需的领导力与决策力、经济全球化的视野、敏锐的市场洞察力、务实踏实的工作作风、锲而不舍的意志品质、组织协调能力及与人沟通的技巧，还包括商务谈判、市场评估与预测、启动资金募集等多方面教育，以使受教育者具备金融、财务、人事、市场、法规等方面的基本知识。通过专业性教育，使这些学生能够在大学期间系统地接受创办和管理中小企业的知识和技能，提高驾驭能力和规避风险能力，减少无谓的失败，从而提升创业成功率。

2. 教育形式与载体

“专业型”创新创业管理教育是针对少数学生进行的，因此多采取开设 OBP 的方式来开展有针对性的教育。日本的大阪商业大学在 OBP 方面有着成功的探索与实践。“OBP 课程是培养下一代具有开拓精神的企业家的特别课程。课程对学生有严格的要求，在入学时就要求学生有明确的取向，在通过考试和基础测试、面试等选拔环节之后，选定每期约 25 人组成 OBP。学员以自己的所学专业为基础，通过一系列独特的课程掌握会计能力、国际交流能力、信息处理能力等基础能力，以及问题分析和解决能力，以培养创业开拓者为目标。”②为了达到这一培养目标，高校在创设良好环境、创新 PDCA（Plan，计划；Do，实施；Check，检查；Action，处理）学习模式、开发基于问题的学习（PBL）体系三个方面着手，确保培养质量。高校提供四年的笔记本电脑供学生无偿使用，开设会计、英语、信息等相关资格课程供学生免费参与，设立专门的创业专业办公室，经常举办学生与企业家、专业人士之间的交流活动，为学生创设良好的环境；OBP 课程坚持理论与实践相结合，通过讲授、案例分析、企业采访、实地调研和交流等形式，全面提高学生的能力。该课程还采用 PDCA 周期学习模式，

① 王丽．创业教育与专业教育共生融合路径研究[J]. 无锡商业职业技术学院学报，2010，10(5)：47—50.

② 李志永．日本高校创业教育[M]. 杭州：浙江教育出版社，2010.

通过让学生利用四年时间经历思考、尝试、验证、改善等众多环节逐步学习，实现培养目标；高校在日本率先提出基于问题的学习体系的技术创业育成计划。导入比课堂演讲更为实际的基于问题的学习体系，通过“体验—思考—抽象—体验”的学习周期提高学生的创业能力，通过导入灵活的辅修体系来学习必要的知识。

中央财经大学的OBP既受到了大阪商业大学的启发与影响，同时也有很多创新与改进之处，具体表现在以下三个方面。一是在选拔OBP学员方面的措施更为具体和周详。选拔的维度是创新创业的意愿、协调性、意志品格；选拔的方式是经过报名资料初选、笔试与面试三个环节。笔试主要是从心理学等角度，考查学生的创业意愿和创业潜质（如求异性）；面试主要采取小组辩论形式，考查学生的思辨力、反应力（如进攻性、坚韧性、决断性）、团队合作精神（如独立性、控制欲、责任心）等。二是在课程设置方面进行了相应的改进。面对OBP学生开设的必修课程，制定了创业演习和课程讲授相结合、围绕创办新企业或新事业的过程展开的课程体系。通常，这一过程包括创新意识和创新思维、识别机会、机会评估和创办新企业或新事业，相应的课程体系分为四个模块，每个模块有两2～3相关课程。根据授课形式，所有课程又分为演习性课程和讲授性课程。中央财经大学创业教育团队还结合中国国情，提出了基于中国文化基因的创新精神素养模型，在知识结构形成的基础上培养创新素养。三是改革教学方式。课程内容采用模块化结构，主要由基本理论、案例分析和模拟练习等模块组成；课程教学中设置互动和实际操作环节，创业教育与周围经济发展相联系，通过鲜活的案例，提高学生对市场的敏感度，力戒眼高手低的通病；改变考核方式，没有死记硬背的考试，侧重平时参与的表现，奖励有创意的言行；搭建创业实践平台，实行“小班教育＋双导师制”，并争取学校各方力量协助，进行校园创业，使学生近距离接触创业。

（四）“职业型”创新创业继续教育

1．教育对象与目标

“职业型”创新创业继续教育面向初创企业者，主要目标为以职业化的教育、咨询、培训、服务和力所能及的创业援助，帮助初创企业者渡过企业初创期。以上所论三个层次的创业教育，都是针对在校大学生群体开展的。实际上，当前中国最为缺少的是针对另外一个群体的“继续教育和援助”，这个群体就是毕业时选择创业的群体。“扶上马，送一程”，是对这个群体进行创业援助的最为形象的描述。那些在毕业时选择创业的毕业生，会面临方方面面的困难，他们此时最坚实的靠山就是母校。因此，如果说经过大学的培养，毕业生已经现实地选择创业作为自身职业生涯的开端，这可比作“扶上马”的话，那么这些毕业生是否会骑马，以及是否能在马背上坐得住、坐得稳，还面临着考验。在这个时候，高校要通过力所能及的各种途径和方式对新创企业的毕业生开展援助，为其快速走向正轨提供帮助，以期达到“送一程”的目的。

2. 教育形式与载体

在支持毕业时选择创业的群体方面，德国有着很好的理论与实践，它主要通过三个方面的实际措施来支援初创企业的大学生创业者，值得我们学习和借鉴。

一是依托科技园和孵化器促进大学生顺利创办创新型企业。德国科技园发展速度很快，对德国科技、教育事业的发展和经济、社会的发展做出了很大贡献，是德国高新技术的研究与开发中心。德国高校十分重视与科技园、孵化器的交流与合作，利用科技园、孵化器完善的服务体系及丰富的市场资源，为学生提供更好的科研环境和更多的创业机会。德国鼓励学生毕业之后再创业，而不是在校期间就创业，经过毕业后 2～3 年的孵化期，再实现成功创业。例如，洪堡大学从 1997 年起就把研究所和部分教学单位陆续搬进科技园区，许多洪堡大学的毕业生到园区孵化器进行技术研发，只要科研项目成熟，即可进入园区创办企业。

二是提供大学生生活补贴和创业补助金，减轻生存压力。德国规定了职业学校、高等学校毕业生待遇最低标准，并根据其具体情况提供相应的保险金。另外，创业者还可根据创业后的经营情况分阶段地从政府部门获得创业补助金，如果创业者自办的企业还能雇佣其他失业者，则会得到更多补贴，这些措施为大学生创业提供了有利条件和保障。部分高校还在此基础上提供了更多的金融支持。例如，德国博伊特应用科技大学在对大学生创业进行金融支持时，对于一个创业团队而言，最多 3 个学生得到每月每人 2000 欧元（1 欧元≈ 7.85 元人民币）的奖学金，最优秀的可以获得 2500 欧元，同时还资助每人 10 000 欧元的创业保障设施和 17 000 欧元的团队资助。这些项目的资助时间在 30 个月或以上，其中，国家的资助期是 12 个月，此后高校对学生创业资助再延长 18 个月，这个阶段由高校出资资助。德国大学还为创业的大学生提供创业初期所需的多种便利条件。例如，针对有意愿创业的毕业生，柏林工业大学在其初创两年内不仅提供办公设施、实验室等硬件环境，还邀请经济学领域的专家提供企业管理、创业手续办理等方面的咨询服务。

三是德国高度重视大学生创业教育，不但在高校中建立了传授创业知识、激发创业精神的创业教育教学体系，而且成立了各级创业培训中心，免费为有意创业的大学生提供实战性较强的培训。1998 年，德国大学校长会议和德国雇主协会总会联合发起旨在创建一个大学生独立创业的环境，让高校成为“创业者的熔炉”的“独立精神”倡议。随后，德国有 12 所大学设立了专门负责研究和讲授大学生创业问题的创业学首席教授职位。与此同时，大部分高校也纷纷成立了为大学生创业提供教育与培训的大学生创业服务中心。大学生创业服务中心利用高校的教育教学环境，通过创业课程、创业咨询、创业技能培训和创业意识培养等多方面内容，积极引导和帮助大学生成功创业。例如，德国工业大学大学生创业服务中心将工作重点放在激发大学生的创业意识，然后给他们提供全程咨询、支持他们创业上。在该中心的网页上有校友会的网页，并且会特意把创业校友的相关信息放在网站上。此外，该中心加强与目标团体的联系，如学生、科研管理人员、毕业人员、教授等，编制工作手册，从导向、准备、创业整个过程对大学生进行创业指导。

实际上，对于创业初期的毕业生提供教育、咨询和服务，已经将高校的创业教育领域和范围适当延展到社会，在这个层面，很多问题就不只是高校一家能够独立解决的，需要政策体系、科研成果转化体系、社会服务体系的合力，才能为初创企业的大学生提供有效援助。当前，由于我们对这个领域缺乏关注，更缺乏深入研究，根本不知道毕业生在初创企业时需要什么，所以也就不知道我们能够提供什么，于是也就谈不上适切性的助力。建设和完善针对这一群体的创新创业教育机制是一个复杂的系统工程，虽然需要方方面面的合力，但是高校必须成为协调多方力量的主体，切实担负起应负的使命和责任，作为今后中国高校开展创新创业教育的重要努力方向。

四、“广谱式”创新创业教育的实施策略

（一）培养创新创业意识，创建启蒙性创业活动

培养学生的创新创业意识，这样的教学活动可以定位为“通识型”创新创业启蒙教育，其目标就是培养学生的创业精神和创业意识，使学生具备自主工作的能力。在高校教育中，学生普遍缺乏创业精神和创业准备，如果在此时就要求学生思考如何创办企业是没有任何效果的。要想真正发展学生的创新创业能力，培养学生的创新创业意识是首要步骤。另外，要通过启蒙性创业活动在学生的头脑中植入创新创业的欲望，使学生能够对自主工作和创新创业产生向往。只有这样，

在未来的工作当中，学生才会积极主动地进行创业。启蒙性创业教育的实现主要通过课堂教学和学生参与体验两种模式。首先，要明确教学的内容，创建最符合创业者真实世界的教学环境，高度关注现实生活，将实际问题的分析和解决作为教育教学的核心。其次，要明确教学的方法，强调探究式教学，采取案例教学的模式，重视学生的主体地位，通过创造性的实验培养学生的创业意识，激励学生的创业行为。最后，激励大学生主动参与创新创业体验活动。现阶段，大学生参与创新创业体验活动的形式多种多样。其中，“挑战杯”中国大学生创业计划竞赛是社会和高校首推的竞赛。在这项比赛中，会有成千上万的大学生直接或间接地参与创业体验。此外，还可以将科学园作为教师和学生共同试验的场所，从而有效增加大学生衍生企业的数量。当然，学生到企业进行实习、创业论坛的举办等都是创业指导的有效方式，可以从实质上推动“广谱式”创新创业教育的深入和发展。

（二）与学生专业结合，开展针对性创业活动

在“广谱式”创新创业教育中，面向各个学科专业的学生所展开的针对性创业活动也是非常重要的。这种创业活动的目标就是根据学科的特点，引导学生借助自身的专业能力和特长进行创业。现阶段，高校创业教育存在的最大缺点就是与各个专业和学科疏离，相关的实践研究更多地集中在了创业教育和专业教育的各自领域，缺乏系统性的结合和研究。为了解决这种问题，就要将创新创业教育的思想嵌入各学科的教学活动当中，开发多样化的创新创业课程，实现创业教育与专业教育的有效结合。在实际教学过程中我们能够发现，各个学科专业的课程已经形成了固定的课程模式，在原有的框架上融入创新创业的相关知识，是很难付诸在实际教学活动当中的，只能渗透在教育教学指导思想中。因此，在日常教育教学的过程中，要以创业教育的理念为指导思想，深化专业教育的改革和发展，拓展创业教育的实施平台和发展空间。

（三）树立创业典范，组织教育性创业活动

虽然大学生在年龄上已经是成年人了，但是他们并未真正地走入社会生活，认知能力是非常有限的，导致他们在进行创新创业活动的时候常常会带有盲目性，这就需要为他们树立创业典范，组织教育性创业活动。因此，高校可以定期邀请一些成功的创业人士进行讲座，与大学生进行面对面的交流，解决他们的困惑，调动其创业的积极性。同时，高校可以经常性地举办创新创业交流会，通过经典的案例进行说明，从而让大学生能够有一个清晰且正确的认知，加深大学生对未

来职业发展的认知和正确的理解。

（四）结合职业理想，实施思想性创业活动

很多临近毕业的大学生已经开始面临着生活的压力，他们无法明确自己未来发展的方向，对自己的前途感到迷茫。因此，高校应该采取多样化的方式，开展思想性创业活动，邀请业内的知名人士为大学生讲解创业的相关知识，从而帮助他们树立正确的价值观念，使其能够正确了解现阶段的创业形势，拥有正确的创业观念，塑造职业理想。

（五）重视教育延续，设计职业性创业活动

职业性创业活动是针对初创企业者进行的，其目标就是实现教育的延续，以职业化的咨询、培训、服务帮助他们渡过创业初始的艰难时期。毕业时就选择创业的群体一定会在创业过程中遇到各种各样的困难，他们此时最需要的就是母校的帮助。因此，在这个时候，高校要以各种力所能及的方法和渠道，对刚开始创业的毕业生施以援手，为他们的企业走向正轨提供有效的帮助。首先，高校应依托科技园帮助大学生成功创办创新型企业；其次，要为大学生提供生活和创业方面的补助金，减轻他们生存的压力；最后，要重视大学生的创业教育，建立传授创业知识的体系，成立创业培训中心，免费为想要创业的大学生提供具有实战性质的培训。当然，这一机制的完善是 个非常复杂的工程，需要多方面的合力，作为协调多方力量的主体，高校应承担起教育的责任。

总之，"广谱式"创新创业教育在高校中的落实和实施是非常重要的。因此，我们在实际教育教学的过程中，一定要重视学生创新意识的培养，进行启蒙性创业活动，使学生初步认识到创业的意义，让学生具备创新创业的观念。同时，创新创业活动应该与学生的专业有效结合，从而开展针对性较强的活动，满足每个专业学生的实际需求，为学生树立创业的典范，让学生有一个努力的方向和目标。最后，要结合学生的职业理想，实施思想性较强的教育活动，重视教育的延续，做好就业与高校教学的衔接，设计职业性的创业活动，使学生掌握创业方法和技巧，最终使大学生能够在社会生活当中更好更快地创业，让他们能够实现自己人生的价值和目标。

第三节　协同机制视角下的创新创业教育

一、协同创新机制概述

目前，关于高校创新创业教育的研究大多集中在教育模式、路径、体系等方面，对于教育机制的研究涉及较少。其中，一些研究虽然名为机制研究，但实质内容也主要是探讨模式、体系和路径的问题。在这些概念中，有的和“机制”概念重叠，有的则差别较大，但毫无疑问，和上述概念相比，“机制”这一概念的内涵和外延都要丰富得多。通过对“机制”内涵的分析，笔者认为，“机制”这一概念更具实践性和系统性，它在强调教育模式、路径、体系等要素完整性的同时，更加强调各要素之间的良性互动，这对教育工作科学化的发展具有很大的帮助。基于这一认识，“高校创新创业教育机制”包括高校创新创业教育各组成要素、作用机理及其相应的功能，是科学推进高校创新创业教育实践的科学路径和有效模式。

20 世纪 70 年代，德国科学家赫尔曼·哈肯（Hermann Haken）最早提出了“协同学”的概念，为协同理论研究奠定了基础。哈肯认为世界的统一既在于它们微观结构的单一性，同时也在于其遵从宏观结构规律的普适性。[①]一方面，系统内子系统的协同作用引发了序参量的产生；另一方面，序参量的出现与进化，反过来又调控和影响着这些子系统的协同作用，由此促成了系统有序结构的产生和发展，即系统从无序到有序的“自组织”过程得以产生。通过不断探索研究，哈肯对协同理论又有了新的认识。1987 年，哈肯在上海机械学院讲学时提出了协同学的双重含义，他认为协同学除了指系统各个部分之间的相互协作，还意味着不同学科之间的碰撞与交流，使之产生新的学科思维，这也意味着“物质系统中客观存在着‘协同工作’的机制，即‘自组织’的协作运行机制”[②]。因此，在开展高校创新创业教育中，既要充分发挥高校在这个过程中的主导作用，又要加强校企合作，并且借助政府的引导扶持，三者之间相互依托、相互合作，共同促进大学生的创新创业教育，为开展大学生创新创业教育提供新的思路。

基于上述分析，可以看出高校创新创业教育机制是以协同理论为基础，以培

① 黄润秋，许强．工程地质广义系统科学分析原理及应用[M]．北京：地质出版社，1997．

② 孟凡婷．大学生创新创业教育的协同机制研究[J]．中国集体经济，2017（10）：121—122．

养具有创新意识、创新精神、创新创业能力的高素质人才为目标，以服务于高校创新创业教育实践为宗旨的教育实践操作模式和发展方式。

二、创新创业教育协同机制的设计

（一）设计原则及思路

1. 创新创业教育体系的设计原则

经济发展、综合国力增强、社会进步、国民素质提升都必须依赖于教育系统所提供的不竭动力。通过调研掌握就业供给与需求的基本状况，以研究为导向的高校要根据自身条件，整合所拥有的渠道和资源，结合不同理念，为创新创业教育的思路和方式选择合适的实践路径。

（1）与传统教育体系相融合

普通教育和职业教育是传统教育模式中最重要的两个部分。普通教育通常注重身体素质和心理素质的锻炼和培养，即德智体美劳全面发展。职业教育则是立足于前者，以所学专业为核心，加强对专业技能和素质的培养，以满足社会经济发展的要求。由于教育需求逐渐向多样化和专业化方向发展，普通教育和职业教育也随之细分，各有其不同的教育理念和模式，在教育体系中发挥着不同的功能和作用。在传统教育中，虽然会无意识地涉及关于创新创业教育的内容，并在一定程度上进行实践，但是传统教育中所涉及的创新创业教育处于零碎且不固定的状态。相比于传统的教育模式，创新创业教育增添了更加符合经济社会发展需求的内容，包括创业精神和创新能力。职业教育与传统教育的发展是相辅相成的。因此，在构建创新创业教育体系的过程中，要充分发挥普通教育和职业教育的基础性作用。普通教育为创新创业教育提供基本的发现问题的能力、知识储备，以及创新创业所需的开拓进取、敢于担当的责任感。职业教育为创新创业教育提供相关的专业技能和规范。创新创业教育的实践过程是循序渐进的，有着不同于普通教育和职业教育的教学模式和体系，能够满足学生多样化教育需求。高校作为教育主体应整合不同资源和路径，以普通教育和职业教育为基础，扎实推进创新创业教育相关工作。

（2）创新性与实践性相融合

社会的发展、国家的繁荣、民族的进步离不开创新创业教育的发展。当今世界各国竞争激烈，谁具备创新精神，谁就能在竞争中占领先机，所以敢于创新、积极进取的高素质人才就成为国家发展不可或缺的因素。相对于注重自由发展的自由型高校及重视学术能力、聚焦学术研究领域的研究型高校，以社会服务为导向的高校则在建设创新创业教育体系的过程中，强化社会服务的理念，注重创新创业教育实践。在此基础上，以社会服务为导向的高校以创新创业为核心，配合高校在教学、管理、科研等领域的改革，对教育方式、人才培养方面进行革新。创新创业教育是面向全社会的，教育理念、教学模式、学习方法是重要的创新内容。学生能够在学习中获得开创性、多元化的思维能力，这是创新创业教育的目的。想要实现这个目标，需要整合多方面的渠道和资源，构建能够满足不同需求的创新创业教育体系。实践能力是在创新能力之外又一不可或缺的条件。与传统教育模式相比，创新的思维方式、创业的行动能力、开拓进取、勇于担当的品质是创新创业教育的核心内容。创新创业教育模式的探索是困难和艰巨的，因为它是对普通教育和职业教育的进一步深化，所以实践能力就成为影响学生创新创业的关键因素。实践能力包括身体和心理两个方面，可以通过高校的教学活动和社会生产相结合的方式来培养。

（3）一致性与差异性相融合

培育具有创新思维和实践能力的专业型人才一直是高等教育的主要目标。创新教育是在创业教育的过程中实现的，不能将二者分离，要将创新教育和创业教育相融合，为学生构建创新创业教育机制，协同不同主体，重点培养学生的创新能力、创新思维、创新意识，以及敢于开拓、主动承担的精神品质，这是高校创新创业教育的落脚点。因此，创新创业思维要始终落实在学生的培养过程中，它符合高校专业培养的要求，是培养人才的路径。学术研究是以研究为导向的高校的关注重点，但是不同高校受不同因素影响，都会选择符合自身条件的发展方向，所以各个高校在创新创业教育机制的构建上不尽相同。首先，地理因素决定社会环境，处在不同地域的高校有着不同的社会条件，高校在构建创新创业教育机制的过程中可利用的社会资源存在差异，这直接影响高校对创新创业教育实践模式、教育方式的选择。其次，发展导向存在差异的高校在人才教育的目标定位上也是不同的。高校应充分了解不同专业的学生的需求，以专业类型为基础，针对性地对学生的创新创业教育制定个性化的教学内容和目标，照搬其他高校的教育模式是不可取的。

（4）主体性与互动性相融合

创新创业教育的目的是培养具有创新意识和创业精神的人才，所以在教学过程中要将主体性与互动性充分融合。教师和学生在创新创业教育中发挥着重要作用，在以研究为导向的高校中，师资力量充足，科研水平较高，教师既可以开展教学工作，也能推动高校科研水平的发展。通过教育让学生获得知识和技能，并将其运用到实践中以满足社会多样化的需求是高校培育学生的根本目标。因此，在教学过程中要帮助学生制定符合自身条件的目标，注重培养学生的个人品质，让学生在学习过程中学到知识和技能的同时，又能感受到人文关怀。师生之间的互动在创新创业教育中发挥着重要作用，因此教师应避免单向的灌输式的教学模式，丰富教学内容，创新教学方式，在教学过程中重视与学生的沟通与互动，增强师生之间的了解。教师要及时掌握学生反馈的情况，通过多样的沟通渠道帮助学生提高发现问题、解决问题的能力，发掘学生的创新意识和创业精神。人们常常片面地认为创新创业教育仅仅是为了培育新的企业开创者和提高就业率，对其更深层次的作用缺乏了解和认识，在这种思想的影响下容易使创新创业教育成为成功者的宣传平台，在教育理念和模式上偏向功利，与创新创业教育的初衷渐行渐远。

2. 创新创业教育体系的设计思路

对于高校来说，建立创新创业教育机制是一项艰巨的任务，需要协调多方力量参与其中。与传统教学聚焦学科建设相比，创新创业教育在提高知识水平和技能的基础上，更强调学生与社会的匹配。因此，高校应整合多方资源，协调各方力量参与教学过程，构建创新创业教育机制，为学生提供细致全面的创新创业指导。高校创新创业教育将创新作为最根本的教育理念，这是与传统教育思路和模式最大的不同。创新创业教育机制的构建要根据社会和学生的需求制定新的培育标准和目标，高校应将创新意识和创业精神贯彻到教学活动中，并与高校的长期发展目标相结合。高校既要让学生学到基本的知识和技能，又要通过创新创业教育引导学生对知识和财富的开拓，培养学生发现问题、解决问题的能力，树立创新创业的思维和意识，以及敢于担当、勇于探索的个人品质，促进学生的全面发展。具体来说，高校可以建立合理的奖励制度，如针对学生的创新创业制定激励标准，对有意愿创业的学生提供知识、物质及政策上的支持。如果创业顺利，高校应给予积极肯定；如果创业遇到挫折或失败，高校不能置之不顾，应帮助学生发现问题并给予支持，通过合理的激励制度，帮助学生加深对创业精神的理解，使学生将创业作为步入社会的重要选择之一，让学生在知识储备、专业技能和心理素质上做好准备。

在创新创业教育机制的构建过程中，高校应将教育目标和理念作为出发点，在教育过程中始终贯彻创新创业的目标和理念，把创新创业的思维方式深入教师队伍建设和学生培育中。通过对学生知识储备、专业技能、心理素质和个人品质等方面进行全面培养，将创新创业的理念和思维方式与人才培养机制相融合，在学生学习的过程中培养创新思维和创业精神。在具体课程内容的选择上，高校应将创新创业的理念融入其中，为学生创业提供扎实的专业技能和心理素质基础。在教学方式上，除了传统的高校教学，还应注重对学生实践能力的培养，丰富实践课程内容，如举办创新比赛、建设创业基地等方式，让学生能够将自己的思考转化为实践，积极锻炼学生主动发现问题、解决问题的能力，通过此过程将学生的创新意识和创业精神激发出来，为学生创业奠定基础。在构建创新创业教育体系的过程中，高校还应注意传统教育内容与前沿教育理念的结合，只有在传统教育的基础上吸收应用好新的教育理论，才能更加高效地构建创新创业教育体系，并真正发挥创新创业教育作用。

综上所述，社会发展日新月异，对人才的需求也在不断变化，高校在实施创新创业教育时应在发挥传统教育模式优势的基础上顺应社会发展需求，重视教育的社会服务功能，协调和调动多元主体参与创新创业教育，以高校为主体，整合多方资源，构建完善的创新创业教育机制。

（二）校企教育协同

1. 校企协同人才培养的目标定位

（1）校企协同人才培养的宗旨

满足区域和不同行业经济发展需求、培育符合社会要求的专业型人才，匹配高等教育改革和发展的要求，把学生作为教育的核心，培养专业技能；高校与企业建立多样的合作关系，包括技术研发、学术研究、人才培育及社会服务等，将学校的教学资源和企业的社会资源相结合，推动校企协同发展，这是校企协同教育的基本目标。

（2）校企协同人才培养功能定位

高校身处教育改革的一线，应提高为经济发展服务和满足社会发展需求的能力。对此，高校应充分整合资源和渠道，以区域经济为基础，构建完善的校企协同机制。处在市场竞争环境中的企业对人才的需求是多样的，高校要重视对学生创新创业教育的投入，为学生提供社会服务的平台，帮助学生更好地与社会需求相匹配，既能充分发挥人才对社会经济发展的推动作用，又能提高高校创新创业教育平台建设水平，促进高校综合实力的提升。

（3）校企协同制定人才培养目标

作为校企协同创新创业的主体，高校和企业都应参与人才培育目标的制定。

企业要想获得符合自身长期发展需求的人才，需要将长远发展目标与人才培育相结合，对人才进行精准定位和培养。国际竞争日趋激烈，创新越来越成为提高综合国力的关键因素，国家和社会的发展对具备创新素质的人才需求增大。高校是培育人才的最重要主体，以研究为导向的高校应承担起培养创新型人才的责任，和企业共同构建创新创业人才培养平台。与以研究为导向的高校不同的是，以教学为主的高校的主要任务是培育本科生，人才类型主要为重视实践的应用型人才。因此，以教学为主的高校应与企业协作制定符合社会经济和企业发展需求、能够提高实践能力的人才培养机制。兼具研究功能和教学功能的是以教学研究为导向的大学，培育对象主要为本科人才。由于自身的定位，以教学研究为导向的大学更注重培养学生的综合技能。因此，具有良好学习能力、应用能力、实践能力和创新能力的人才是以教学研究为导向的大学的培养目标。

2. 校企共建教学体系

培养目标的实现必须以完善的教学体系建设为基础。课程内容不能及时跟上社会经济发展的变化，教学方式上缺乏与学生的沟通和互动，不能为学生提供充足的实践机会，不符合社会发展的实际要求，这些都是传统教育存在的问题。因此，高校和企业应在教学体系建设方面相互协作，共同制定符合高校和企业需求的教育体系。

（1）理论课程体系建设

在理论课程体系建设方面，专业基础课程和专业课程是国内高校专业课程最重要的两个部分。专业基础课程分为理论教学和理论实习、实践的教学环节，主要目的是培养学生的基本知识和基本理论基础，提高学生的基本知识和技能。达到专业培养要求的工程基础类课程、专业基础类课程和专业课程所占学分比例应占到三分之一。工程基础类课程与专业基础类课程都应发挥数理学科和自然学科在提高学生应用能力方面的作用，这些都应在课程的制定过程中予以体现。专业课程在设计中则应该注重培养学生的实践能力。高校的课程设计不应仅局限于本校，还要为学生提供多领域、跨专业及其他高校的选修课程。

如今，社会经济各领域联系日趋紧密，每一个领域和专业都不可能独立发展，都需要加强和其他领域的联系与交流，以此来推动自身领域的发展。国家之间的交流与合作也是同样的道理，国家的发展也越来越需要具备综合素质能力的人才。因此，选修课程在设置上应注重多元化。学生通过基础课程的学习达到课程要求后，高校应引导学生选修对自己专业有帮助的跨领域学科课程。既能通过理工学科提高实践能力，又可以通过人文学科培养逻辑思维能力，多学科课程的学习有利于提高学生的综合能力，为培养创新思维奠定基础。具体来说，文科学生选修符合自身发展需求的理工科课程，锻炼自身的实践能力。理工科学生选修适当的文科课程，增加社会科学的知识储备，提高自身的文学水平。除此之外，高校还要引导学生选修其他高校的课程，不仅能拓宽学生获取知识的渠道，还能提高各高校教育资源的利用效率。当今社会，各行各业都在不断发展变化中，高校既要围绕社会发展需求开设相关课程，也要随时根据行业变化更新课程内容，以符合社会的发展要求。当前，大部分高校与企业的沟通仅仅局限于管理人员层面，校企协同的主要参与者缺乏交流与沟通，造成高校对企业的需求了解不足，在课程制定上容易与企业的发展产生偏差。因此，高校与企业的沟通层面应下移，让双方能够清楚彼此的想法和需求，减少课程设置的误差。此外，高校要对所开设课程的相关领域保持高度关注，时刻掌握行业的变化动态，及时对课程方向进行调整，既让学生学到最前沿的行业知识，也积极满足社会发展的变化需求。

（2）实践课程体系建设

为了提高学生的实践能力和创造能力，高校与企业应积极协作，在课程设置上为学生提供能够把学习到的理论知识转化为实践的平台。从企业的角度来讲，让学生参与和企业发展相关的研究项目和课题，在高校教师和企业相关人员的指导下对项目或课题进行研究，在这个过程中，学生的专业技能能够快速提升。在与企业项目有关的课程设置上，高校应制定合理的学分标准，提高学生的参与积极性。此外，高校还要注重培养学生的实践能力，通过设置相关以社会服务为导向的课程，帮助学生所学专业与社会需求相匹配。

（3）开设第三学期

通过设置第三学期的课程形式指导学生实习，让学生有机会将学到的理论知识转化为实践。开设第三学期是在国内高校采用“3+1”“3+2”教学方式的基础上开创的新的教学模式。当前国内只有少数民办高校设置了第三学期，公立高校对开设第三学期投入不足。第三学期的设置不影响第一、第二学期的课程计划，它是在前两个学期课程周数不受较大影响的基础上，将第一、第二学期的部分课时整合为第三学期。第三学期的课程有别于第一、第二学期，包括课程设计、综合实验及专业实习等实践内容。学生通过第三学期的学习，能够将前两个学期所学理论转化为实践，并在实践中总结之前学习存在的问题，并在接下来的学习过程中积极解决，发挥第三学期的过渡作用。经济社会发展需求变化较快，因此第三课程的设置也要不断更新，更需要建立与第一、第二学期的教学联动机制。规范的课程设置和充足的资金支持是第三学期正常开展的重要条件。在课程上主要有实习地点、实习内容、考核标准等设置。首先，指导教师在第三学期的教学过程中发挥着重要作用，教师的教学时间和教学难度增加，所以应合理提高教师的收入水平。其次，实践课程是第三学期的主要内容，高校的设备损耗增加，为了确保课程任务的顺利进行，高校应加大对设备维护的投入力度。再次，和学生学习生活相关的图书馆、专业教室、宿舍、食堂工作时间也要根据学生的课程活动进行合理规划。最后，高校对于学生在实习过程中的安全问题都要做好全面、细致的管理。由于不同于第一、第二学期的教学模式，高校需要科学制定第三学期的考评体系。每个高校都有各自不同的特点，因此第三学期的开设没有统一标准，高校应根据条件的不同制定符合自身发展的运行模式。

（4）实施双师型教学

加强高校与企业之间的人员交流是增进双方了解、提高合作水平的重要途径。部分高校和企业建立研究所，高校教师应在研究所的课题研究人员中占一定比例，聘任专家要对高校和企业有足够的了解，搭建教师、专家和企业人员沟通交流平台，发挥各方长处，提高工作效率。教师在研究所中能够接触到社会经济发展的前沿问题，可以将最新的知识教授给学生，拓宽课堂内容的来源渠道，让学生所学理论更好地与应用相结合。学生在对前沿问题的了解和学习的过程中，锻炼了发现问题、解决问题的能力，最重要的是学生的创新意识也大大增强。以大连理工大学为例，高校和企业通过人才协同培养机制建立研究院。高校派出骨干教师参与研究院的研究工作，并开展双师型教学，研究院聘任的专家进驻企业一个半月对其进行考察调研。通过这个过程，高校能够及时掌握相关领域发展的变化动态，推动高校科研工作持续发展，也能帮助企业提高经济效益。高校可以在派出骨干教师进驻企业的同时，聘请专家进校教授相关课程，通过双师型教学模式推动校企协同培养人才机制的建设。

3. 校企共同实施培养过程

（1）订单式培养

订单式培养是指高校和企业签订用人合同，以高校教学资源和企业社会资源为基础，双方共同参与人才培养计划的制订及人才培养落实的过程，学生通过考核达到培养标准，企业按照合同规定安排学生就业的协作办学模式。订单式培养的最大优点在于高校、学生、企业之间的关系是平等的，三方都能在人才培养中发挥各自的主体作用。企业应把握好行业发展的方向，根据企业发展的需求制定培养标准和数量，以订单形式交由高校对学生进行培养管理。在培养人才的过程中，高校和企业应加强沟通，把握企业和社会发展的需要，协同制定培养方案和目标。企业将行业最新的动向提供给高校，高校则以校企协同制定培养方案对学生进行定向培养，学生达到考核标准，毕业后由委培单位安排就业。“一班一单”和“一班多单”是订单式培养的两种形式。“一班一单”是指一个企业的职位需求都为同一个专业，而且企业对该职位的需求数量能够组建一个班级。“一班多单”指的是企业缺少某一领域的专业人才，但是对该类人才的需求量不足以组建班级，为了提高人才培养的效率，多个企业共同下订单，高校则将职能相近的岗位整合在一起，培养学生的职业岗位能力，即一个班级和专业与多个企业订单相对应。为了保证订单式人才培养的质量，学生可自愿报名，通过初审的学生组建班级，并在企业的实践基地接受培训，通过严格规范的考核提高学生专业技能，满足企业的需求，使学生素质更好地与企业发展相匹配。高校和企业之间良好的互动交流是订单式人才培养顺利开展的重要条件，包括招生、专业设置、岗位要求、教学内容与企业生产经营相匹配等问题，这些都需要双方在确定订单前达成一致。企业应将长期发展规划和需求明确向高校传达，避免培养过程出现偏差，提高培养效率，降低培养成本。

（2）校企教育资源共享

校企协同的培养模式还在不断发展中，高校和企业应同心协力，探索构建校企的沟通交流机制，双方应整合共享人才培养资源，提高人才培养的资源利用效率。企业竞争力的增强、高校科研水平的提升，以及创新创业机制的构建都有赖于校企协同及教育资源的共享。实习平台由企业搭建，高校则给予企业技术研发支持，以人才协同培养机制为基础为企业输送专业人才，形成合作共赢的良性互动机制。整合高校的教育资源和企业的社会资源，为学生的培养提供优质资源，不仅有利于创新创业协同机制的建设，还有利于为社会发展提供所需人才。企业的创新能力、人才队伍的建设都能从校企教育资源共享中受益。

高校和企业共同建立实验室是资源共享的另一种形式。实验及实习所需的设备由企业提供，高校则提供教学设施和师资力量，通过资源的整合与共享，提高资源利用效率。将人才的培养和员工的培训相融合是协作共建实验室的特点，能够实现校企的优势互补，降低培训成本。实验室的建设要以教学内容和学生能力为基础，建设满足多样化需求的实验室，包括基础实验室、综合应用实验室及创新研究实验室。基础实验室主要为大学一年级新生设立，将课程教学与实验相结合，培养学生的基础知识和实验技能。综合应用实验室则面向大学二年级以上的学生，通过创新型和开放型创新实验内容提升学生对知识的实践应用能力。创新研究实验室则为理论知识掌握牢固、实践能力出众的学生提供科研和创新实践的平台。创新研究实验室的实验环境和设备水平较高，在企业项目的引导下，有利于学生创新意识的培养。实验室及实践基地的硬件条件对学生的培训发挥着至关重要的作用，但是设备的维护与更新需要较大投入，仅仅依靠高校自身的力量难以满足教学发展的速度，导致人才培养达不到企业的要求。

建立完善的实验室和实践基地对于大多数高校来说还较为困难，实训设备若跟不上教学内容的变化，会造成学生的实践能力与企业的需求不相匹配。因此，借助企业力量有利于减轻高校负担。具体来说，高校向企业提供技术服务和有偿服务，企业则给予高校实验设备资源，这对双方来说是互利共赢的。技术是企业发展的核心要素，高水平的员工培训既能够减少设备养护的成本，又能帮助企业提高生产效率，降低生产成本。因此，设备维护与员工培训等问题通过与高校合作，用实训设备置换技术支持和员工培训能够得到有效解决。

（3）高校冠名企业

除了与企业合作的模式，高校还可以通过冠名企业的方式培养人才，这样有利于减少学生将理论知识转化为实践过程中的约束，提高学生的实践能力和创造能力。在挑选冠名企业的过程中，高校应注意企业的生产经营活动是否与高校的专业方向相符、企业的技术是否成熟，这些都会影响冠名后人才培养的成效。确定冠名企业后，高校应给予企业科研和资金支持，使其成为高校发展的一部分。准确合理定位冠名企业的地位是发挥校企协作建立教学基地最大效用的前提。合作机构的确定也是高校冠名企业发挥作用的重要条件。由企业、行业协会、劳动局、教育局、高校等选派代表组成培训委员会。此外，制定合理的教学标准，在实践基地设置教学经理岗位，理论教师和实训教师的配备应与学生、实验设备的数量相匹配。理论教师和实训教师应注重沟通协作，加强双师型教师教育模式的建设。若学生人数充足，则需设置教学经理助手岗位。精细化的管理模式可以积极推动校企实践基地的教学内容、标准与企业发展相适应。将企业真实的生产环境与教学环境相融合是高校冠名企业最重要的特点。实践基地整合了高校和企业资源，为学生提供了真实的生产环境平台，也是构建创新创业教育校企协同机制的载体。实践基地既将教学内容带进了工厂，也让学生在企业环境中得到了锻炼。企业通过实践基地提高了生产效率，降低了生产成本；高校通过实践基地为企业培养实用型人才，实现了教育目标。

4. 建立校企双方有效协同的机制

（1）建立校企协同的引导机制

高校和企业应共同参与校企协同引导机制的构建。校企协同工作委员会是首先要建立起来的，成员包括企业、行业及高校的管理人员。委员会的主要工作任务是审议培养模式、培养目标、师资队伍建设及招生就业等问题，此外还应随时掌握行业发展变化，及时对人才培养课程设置和校企协同发展方向进行科学调整。技术合作开发委员会也是校企协同引导机制的重要组成部分。该委员会主要由高校骨干教师和企业技术人员构成，主要职责是根据市场需求的变动，对企业生产升级换代提供科研支持及高校的理论成果应用到实际生产。为了保证校企人员的研究方向始终符合社会发展需求，技术合作开发委员会还应承担起校企人员培训及传达行业动态的职责。

（2）建立校企协同的管理与反馈机制

校企协同的管理机制包括统筹规划、相互协调、自主发展等内容，这些都需要以协调理论为基础建立。通过校企协同的管理机制，有效加强校企的合作关系，提高资源的整合度，形成互惠互利的合作基础，充分提升校企资源的利用效率，保障人才质量符合企业生产经营需求。校企协同的反馈机制的建立需要与管理机制相结合，管理过程中出现的问题要及时通过反馈机制向校企双方反映并予以解决，维护协同机制的运转秩序。

（三）“三课堂”时空协作构建

培育具备创新意识和创业精神的人才是高校推动创新创业教育的最重要意义。学生是创新创业教育的核心，是构建创新创业教育体系的主体。建立科学合理有效的创新创业教育体系，必须覆盖所有学生群体，以第一课堂为平台，教授学生创新创业的理论知识。在此基础上，在第二课堂加入实践化的教学内容，通过校企协同创建的实践基地，帮助学生将理论落实到应用与实践中，更加贴近真实的社会环境，提高学生综合能力，满足社会发展需求，构建“第一课堂、第二课堂、基地实践”创新创业教育体系。

创新创业教育体系的建立涉及不同领域和多元主体，需要各方面协调合作，在理念内涵、理论构建及实践模式的选择上合理规划，建立起教学内容科学规范、培养目标设置明确、评价标准合理有效、保障制度完善的“第一课堂、第二课堂、基地实践”创新创业教育体系。

1.“三课堂”创新创业教育体系基本目标

“第一课堂、第二课堂、基地实践”创新创业教育体系是一个综合性概念，它是在探究创新创业教育内涵的过程中形成的。以第一课堂、第二课堂和基地实践为基础，为所有学生提供结合专业、分类施教及实践培训的创新创业教育平台是创新创业教育的基本目标。

2．“三课堂”创新创业教育体系内容构成

创新创业教育在“第一课堂、第二课堂、基地实践”的教学内容上是逐级深入的，第一课堂主要对学生进行创新创业的基础知识教育，第二课堂将实践活动融入课堂教学，基地实践则从课堂走向实训教学。具体概括为通识类教育、融入类教育、活动类教育、实践类教育和职业类教育，形成“三轨并行、五类教育、相互扶助”的、行之有效的创新创业教育体系。

以研究为导向的高校建立创新创业教育体系必须改革现有教育模式，在培养学生的过程中要始终注重提高学生的综合素质，改变传统灌输式的教学方式，引导学生树立问题意识，锻炼学生主动探究问题并解决问题的能力。在教授理论知识的同时，鼓励学生将自己的想法应用于实践，并在实践中不断提升学生的综合能力。将理论知识与实践培训相结合，加强与学生的互动，给学生创造更加自由的实践环境，鼓励学生将自己的想法转化为行动方案并予以实施。整合教学资源和校外资源，增强学生创新创业的实践能力。教学内容要紧贴社会发展的方向，将最前沿的知识、理念和技术传授给学生，启发学生主动探究问题的意识，为学生创新创业奠定扎实的理论和实践基础。

（1）第一课堂课程化创新创业教育

创新创业教育的关键是课程体系的建设，课程形式包括“第一课堂、第二课堂、基地实践”。创新创业教育的原则包含三个方面：一是教育对象为全体学生；二是教学内容要与不同专业相匹配；三是培养目标要与人才培养模式改革方向一致。创新创业教育包括“通识型”和“融入型”两种教育形式。其中，针对所有学生开展创新创业必修类课程教育和选修类课程教育是“通识型”创新创业教育的形式。具体来说，一是针对本专业学生开设的是必修类课程，设有固定的学分，可以实现对本专业学生有效的“通识型”创新创业教育；二是创新创业类选修类课程对本专业及其他专业学生开放，将专业课程中的创新性课程设置成为任选课的形式，创新创业类选修课在创新创业教育中发挥着重要的作用，是必修类课程的补充与延伸。高校可以通过创新创业必修类课程和选修类课程这两个重要的工具，再结合传统的培养模式，根据学生的多样需求，选择适合学生发展的课程形式和内容。从学生的角度出发，尽力设计出与现实企业运行环境相一致的学习系统，在这样的学习系统之下，可以提高学生的创新、创造能力及自主决策能力。这样不但可以使学生学到更多的创业知识，而且可以更好地激发学生的创新创业意识。

“融入型”创新创业教育需要满足社会和行业发展的多样化需求，它面向各专业学生开展相应的创新创业教育，与不同学科和专业相结合，将创新创业教育的内容融入教学过程，对学生创新精神和创业技能的培养需要与专业教育相结合进行。需要提醒的是，创新创业教育并不是自成体系，它与专业教育的结合是一个互补的过程，这个过程对创新创业教育和专业教育的发展来说具有十分重要的促进作用。二者是优势互补的关系，是可以相互交叉渗透的。因此，在进行相关教育时，要科学和辩证地处理好二者之间的关系，既不能过分进行创新创业教育而影响正常的专业知识传授，又不能使创新创业教育完全依附于专业教育，进而失去自身的主体地位。在进行相关教育时，一是可以对学生开展基于专业的创新思维训练，合理引导学生对相关知识点进行创新性想象和创新式解决，创新性思维训练可以有效地培养学生的创新思维，但这是建立在学生对专业知识充分掌握的基础之上的；二是分析本行业、专业创业前景及具体实施过程，夯实创新创业教育的发展平台，这是建立在学生对专业知识进行创新性想象和创新式问题解决的基础之上的。

（2）第二课堂活动化创新创业教育

相对于第一课堂课程化创新创业教育而言，第二课堂活动化创新创业教育的内容和表现形式更加丰富，并且容易被学生接受，它指的是以开展各式各样的主题活动对学生开展创新创业教育。其原则主要包括三个方面：一是教育对象为全体学生；二是重视培育学生自身特色；三是活动与教育相结合。按照项目内容划分，第二课堂创新创业活动包括三种类型，分别是“普及型”“项目型”和“竞赛型”。进一步讲，“普及型”创新创业活动指的是在普通学生中开展各类普及性创新创业活动，通过活动的形式开展创新创业教育，包括创业沙龙、创业讲坛、科技制作与创意大赛、创业征集大赛、流动科技馆进校园活动赛等高校、社会和各类创新创业活动。服务机构是“普及型”创新创业活动成功举办和顺利开展的坚实依托。相对于“普及型”创新创业活动而言，“项目型”创新创业活动更为正式，针对部分学生开展项目化的创新创业活动是“项目型”创新创业活动的重要内容，通过相关活动来培养和锻炼学生的创新能力、协作能力及决策能力等。大学生创新创业训练计划项目是“项目型”创新创业教育开展的载体。引导学生根据自身的特点参加符合自身发展需求的学术学科竞赛是“竞赛型”创新创业活动的主要目标。这些竞赛活动可以分为四个层次：一是国家学会主办比赛；二是省级学会主办比赛；三是重点专项学科竞赛；四是综合类比赛。“竞赛型”创新创业活动可以通过建设学院、高校、省级、国家级科技比赛平台大幅提升学生创新创业能力，同时有效激发学生创新创业参与热情。第二课堂创新创业活动发挥着至关重要的作用，它是第一课堂创新创业活动的有效延伸和课外补充。开展包括“普及型”“项目型”和“竞赛型”在内的第二课堂创新创业活动，可以有效推动学生创新创业教育。

（3）大学生创新创业基地实践教育

仅仅开展第一课堂课程化创新创业教育和第二课堂活动化创新创业教育是达不到对学生进行充分创新创业教育目标的，还需要依托包括学生所在高校和社会各类创新创业服务机构在内的主体建设创新创业教育实践基地或平台，对有创新创业意识倾向或正在创业的目标大学生群体开展不同于传统教学方式的创新创业教育。与此同时，为提升学生的创新创业实战能力并促使新企业孵化、成活，需要为大学生提供各类创新创业的咨询与服务。具体来说，“实践型”创新创业教育指的是依托创新创业培训班、挑选优质创新创业项目入驻实践基地等实践性创新创业教育活动，面向有创业可能性和意愿的学生开展的创新创业教育活动，目的是通过教授目标群体开办企业所必备的知识和经验来提升其创业能力，避免创业失败。“职业型”创新创业教育指的是发挥高校创新创业职能部门的作用，整合提高高校对不同资源的利用效率，为创业初期的大学生提供包括场地、设备在内的硬件保障，以及包括教育、咨询和服务等方面的软件保障，目的是提高大学生的创新创业能力，使其在走出校门之前就可以对创新创业有较为充分的了解。大力建设创新创业教育实践基地，可以提升目标群体的创业实战技能，帮助新企业健康成长。

3.“三课堂”创新创业教育体系教学模式

“三课堂”创新创业教育体系教学模式有以下几种。

（1）课堂教学

课堂教学主要是传授给学生基本理论知识，使其了解国内外的创新创业现状、创新创业所需具备的基础知识及创新创业等注意事项。

（2）案例研究

现实生活的创新创业案例是珍贵的教学素材，通过对这些素材的剖析可以提高学生发现问题、剖析问题和具体问题具体分析的能力，帮助学生培养和锻炼创新精神、创业能力、决策能力和执行能力，为学生的创新创业提供充足的案例保障。

（3）混合讨论

混合讨论指的是邀请企业家、创业园区或孵化基地管理人员，以及政府部门专家等共同进行创新创业讨论，是对案例研究的进一步深化和发展。通过各个主体的讨论，学生可以了解创新创业的相关政策及具体实施过程，对创新创业进行全方位、多角度的认识和把握，进一步促进对创新创业方法、技能及过程的吸收理解。

（4）活动开展

对学生创新创业知识和技能考核的最有效途径是开展多样的创新创业活动。通过开展多样的创新创业活动，学生能够提高参与创新创业学习的意愿，提升创新创业素质和实践能力，培养团队精神。其中，创新创业规划设计是创新创业教育最重要的活动。学生将在课堂上所学的创新创业知识和技能与实践相结合是创新创业规划设计的核心内容，它包括对人、财、物的规划，通过自身创造性的独立思考，提出自己的新设想，将自身的创新思维表现出来进而创造出新的事物。学生可以通过各类创新创业活动实现知识的经济社会价值，完成自身知识资本向物质资本的转化过程。采取评优与表彰制度是高校加强创新创业活动组织工作，激励大学生群体参与各类创新创业活动，让大学生在参与创新创业活动的过程中挖掘出自身潜在的创新创业潜能，进一步促进创新创业教育发展的一个长远策略。创新创业教育评优与表彰制度的实施方式多种多样，评优与表彰既可以在课堂上进行，也可以在“创业设计”的比赛中举行。在课堂上进行评优与表彰，实施起来相对简单方便、成本低廉，但并不影响大学生思维与理论知识更加紧密地结合；在“创业设计”的比赛中进行评优与表彰，可以在某种程度上激发学生创新创业的激情和热情。

（5）商业实战

商业实战指的是在创新创业导师的指导下，通过创新创业计划，充分利用现有的创新创业虚拟环境和实战模拟系统进行创新创业模拟和实验设计，实验需要经过自己独立、创造性的思考而不是简单地模仿他人的创业计划。相对于普通的各类创新创业活动而言，商业实战可以使学生体验更加真实的全程创新创业操作实践。商业实战模拟系统主要由大学生自己来操作，极大地开发了学生的创新思维。商业实战模拟系统是将理论知识和创新创业知识连接起来的衔接器，为大学生创新创业实践提供了全程性指导和参考，强化学生对创新创业知识和技能的掌握，提高学生创新创业综合能力。商业实战是检验学生创新创业知识和技能的重要途径。

以研究为导向的大学第一课堂以理论学习为主，第二课堂以业务技能学习为主，基地实践以实践运用为主。其中，第一课堂教育是按照人才培养规格精心设计的，具有严密体系和计划，需要不折不扣地完成教学大纲所规定时间内的创新创业课堂教学内容。第一课堂的教学模式与传统课堂教学模式并无太大差异，只是第一课堂的教学在教学内容和方法上更加注重创新性和可操作性；第二课堂和基地实践的教育则是传统教育体系所缺失的，也是较难实施的、计划学时以外的、与创新创业教育相关的一切实践活动。第二课堂和地基实践教育的实现需要充分利用实践平台作为支撑和载体。

三、创新创业教育协同机制的运行

哈肯提出“协同”一词，他认为系统内部要素与系统间的相互作用在一定条件下可以形成协同作用，产生一种自我组织能力，这种能力可以使得系统的功能与结构变得井然有序，进而让整个系统迸发出新的价值。①“机制”一词来源于希腊文，其内涵是指事物内在的规律与原理自发地对事物作用，具有自发性、系统性及长效性等特征。在社会科学的领域中，“机制”是指在正视事物各部分存在的前提下，协调事物间的关系以更好发挥作用的运行方式。近几十年来，“机制”一词被广泛地应用于竞争、合作及创新等机制中。将机制的本义引申入社会教育领域，便可形成教育机制。因此，教育机制可以指代教育现象中的各部分之间相互的关系及运行方式。按照不同的标准，教育机制可以划分为多种类型，如从功能角度考察教育现象间相互关系及运行方式，包括保障与激励机制。创新创业教育机制则可理解为创新创业教育现象各部分间的相互关系及运行方式。

其实，可将高校创新创业教育看作是一个系统，其中的政府、企业及高校等利益主体会根据其共同目标表现出协同意愿，为了获取教育增值及培养较为出色的创业者，他们会调动一切资源配置，产生全方位的有机作用，从而实现协同效应。高校创新创业教育协同机制的运行若想达到理想状态，形成一种协同式发展，则必须考虑各方利益主体的诉求，在市场化发展的原则下，建立有效的运行机制，从而促进各方主体相互适应，达到系统增值的效果。

高校创新创业教育具有全新的育人思想及教育理念，它所涉及的领域几乎贯穿人才培养的全过程，因此不仅要兼顾理论与实践的综合教学，还要在教学方式上做到灵活多变。笔者结合其他学者对于高校创新创业教育的运行机制分析，认为高校创新创业教育协同机制的运行，关键在于管理决策、激励动力和调控三大机制。

① 哈肯．协同学导论[M]．张纪岳，郭治安，译．西安：西北大学科研处，1981．

（一）管理决策机制

高校创新创业教育是一种全新的教育类型，其实践过程并不成熟，需要根据运行实施的具体情况而定，并且要对运行过程中所涉及的各个方面进行不断完善与调整。因此，与其他较为成熟的教育相比，高校创新创业教育的运行过程会面临更多的选择，相应地会产生更多的决策。为了保证创新创业教育的实施与推广始终围绕共同的总体目标，确保运行保障、育人内容等各方面始终适应实效育人这一标准，必须建立高效的创新创业管理决策机制，这是高校创新创业教育运行的核心与关键。

1. 管理决策主体关系

高校创新创业教育管理决策机制的主体包括高校创新创业教育工作领导机构及创新创业教育专家委员会，前者多由高校的行政管理者构成，后者多由创新创业教育研究及教学专家构成。如何定位领导机构与专家委员会，以及如何分配高校创新创业教育工作领导机构与专家委员会的决策权力，都是管理决策机制构建的重点。

高校创新创业教育工作领导机构与创新创业教育专家委员会作为高校创新创业教育管理决策机制的两个主体，两者分工不同且相对独立。创新创业教育的发展方向由领导机构把控，负责对高校创新创业教育的总体规划，全方位把握着创业资源及经费等，其主要决策范围包括整体的规划发展、经费的投入使用及资源的整合分配等；专家委员会则是创新创业教育研究的整体管理者，不仅负责教学内容与方法的制定，还负责科研教学及师资培训等任务。总体而言，领导机构侧重于创新创业教育的发展规划与资源供给等宏观决策，专家委员会则更侧重于创新创业教育的理论研究与课程培训等微观决策。

高校创新创业教育工作领导机构与创新创业教育专家委员会虽然分工有所侧重、职能相对独立，但是两者有着十分紧密的联系与持续作用：领导机构为专家委员会确定教研与理论的研究方向，提供支持作用，专家委员会则根据高校创新创业教育的理论教学研究为领导机构提供策略建议；领导机构会通过对高校创新创业教育的整体规划管理提高专家委员会的科研教学成效，专家委员会则会通过研究方向的决策与教学课程的设计将领导机构的思路设想实现到位。要想确保高校创新创业教育工作领导机构的决策更具有效性、合理性及专业性，就离不开专家委员会的科学建议与理论支撑；同样，要想使专家委员会找准正确的决策方向，也离不开领导机构的认同与支持。

高校创新创业教育决策过程中包含了党委行政与学术教学决策，明晰两个主体间各自的决策对象、范围、程序及权力边界，可以促进高校创新创业教育管理决策机制的建立。要确保领导机构能够承担起全局把控者的角色，可以在整体规划与运行方向中提供正确的策略建议；同时，要确保专家委员会能够在教学、学术等具体事务的整体规划中承担起建议咨询者的角色。在高校创新创业教育决策过程中，要以制度化方式达到两个主体合理分工、协同推进的效果。

2．管理决策机制的运行程序

高校创新创业教育管理决策机制必须具有规范的运行程序与步骤才能确保工作的高效性。领导机构与专家委员会作为高校创新创业教育管理决策机制的两个主体，其管理决策的运行程序也是构成管理决策机制的重要因素。

对于领导机构而言，其管理决策的运行程序应当是富有条理与逻辑性的。针对高校创新创业教育现有规划和资源分配等问题，首先，领导机构会进行分析，从而明确其完善发展的目标；其次，领导机构将提供至少一种决策方案，由民主程序确定最终方案；最后，领导机构将推动方案的实施。当然，在此过程中，领导机构需要根据具体运行的情况进行结果反馈，从而对决策方案进行评估，来确定是否继续执行该方案或调整改进。在领导机构的管理决策运行过程中，专家委员会主要承担着调研及提供对策建议的工作，两者相互配合才能促使运行达到高效的目的。

对于专家委员会而言，其管理决策运行的第一步便是对高校创新创业教育实际运行实施过程中存在的问题进行分析，明确完善发展的目标；第二步是在一定的科学研究理论基础下，提出至少一种决策方案，对于拟采用的决策方案由民主程序确定并向领导机构请示备案；第三步是推动决策方案的实施。当然，专家委员会也应根据实际决策运行的情况进行反馈评估，从而确定是否继续执行或调整该方案。在专家委员会决策运行程序的各个环节，领导机构都可进行总体规划与方向的把控，它在管理决策的过程中承担着整体把控的角色，并对专家委员会的决策范围进行管理调控，这便可以将高校党政对高校创新创业教育的整体规划精神在教学管理与学术研究的过程中贯彻到位、落到实处。

总体而言，加强高校创新创业教育工作领导机构的管理决策，在宏观上可以确保高校创新创业的教育内容与发展方向符合学生自由全面的发展需求、符合高校总体规划发展的需求、符合政府和社会的高度需求；加强专家委员会的管理决策则在微观层面更易形成合理的教学内容、方法与体系，从而确保高校创新创业教育的有效实施及科学发展。

（二）激励动力机制

推动事物发展的作用力称为“动力”，因此高校创新创业教育动力可以概括为推动高校创新创业教育发展的作用力。在我国，高校开展的创新创业教育多为政府驱动，但是在教学环节的设置及企业参与的内在利益诉求方面，市场也发挥着重要作用。因此，高校创新创业教育既源于政府的驱动，也需要市场导向的延伸。

高校的角色在创新创业教育系统中尤为重要，它具有显著的教学科研资源及人才优势，不仅仅传授学生知识，更承担着全面育人的责任。高校可以培养学生的思想品德，树立社会责任与担当意识，同时还能够提升其分析解决问题与创新创业的能力，这些都是学生群体适应社会需求所必备的综合素质。因此，对于高校创新创业教育而言，其动力既有内生的也有外生的。我们可以将高校创新创业教育激励动力机制看作是推动高校创新创业教育良性运行与实施推广的各内外要素间相互联系与作用的互动机理。

从宏观角度考虑，高校的内生动力是追求自由全面的育人理念；外生动力则是政府对于经济转型升级的需求及创新创业机会的识别，政府可以将有效的政治、经济资源合理地调配给高校创新创业教育领域，从而推动理论教学课程及科研实践。从微观角度考虑，以教师和学生的内生动力而言，教师参与创新创业领域，既是职业发展的需要，也是对理想事业的追求；学生参与创新创业教育，既是对自我未来职业生涯的规划，也是自身全面发展的追求。以教师和学生的外生动力而言，政府和社会作为高等教育的外部推动力，可以使参与创新创业教育领域的师生获得充分的资源与成就感。内外动力的作用与性质虽然不同，但是两者相互影响、互为支持，对高校创新创业教育的发展与价值取向有着共同的决定作用。

1. 激励动力机制的运作机理

从宏观角度而言，高校创新创业教育在外部受到政府与社会机构的共同作用。政府由于社会转型升级及经济持续发展的迫切要求会进行全面改革，而在这一阶段势必会加大政府对创新创业活动的需求，在此深化改革的背景条件下，政府会对创新创业教育的研究与培养提出更高的要求，需要通过资源调配供给及适当的政策引导推进高校创新创业教育的发展，扩大人才的供给。对于社会机构而言，由于处在发展中国家，新兴领域及亟待转型的成熟领域为社会机构提供了充足的创业机会，在社会责任及自身经济利益的驱动力下，社会机构会更加富有创业意愿，因此创新创业领域的人才需求就越发强烈，这便加强了社会机构与高校教育领域的合作。在这样一种合作方式下，一方面可以通过资源的供给推动高校开展创新创业教育工作，另一方面可以通过旺盛的人才招聘需求调整高校的育人导向，可谓一举两得。在内部，高校创新创业领域中全面自由发展的教育理念得到广泛的认同。高校将培养全面发展及提升综合素质的社会主义接班人作为育人的至高目标，而创新创业教育是独立于高校专业知识教育之外的一种功能，它是以学生的全面自由发展为核心任务的教育，有助于提升学生在价值重塑、人际关系及权力把握控制等方面的能力，从内生角度推动高校创新创业教育的实施发展。

从微观角度而言，高校创新创业教育的运行实施离不开教师与学生这两个主体。因此，分析教师与学生参与创新创业教育的内生动力和外生动力对于从微观层面研究高校创新创业教育激励动力机制有着至关重要的作用。教师是创新创业教育的传授者，高校对于其工作量的约束及工作表现的激励举措都将会推动其从事创新创业的教学研究工作。从教师自身角度而言，他们对于创新创业教育的理论教授兴趣及目标认同都将由内而外地促进创新创业的教育研究。同时，良好的校园文化氛围对于提升创新创业的认识与兴趣，以及教职工的行为心理都有一定的促进作用。对于学生而言，他们作为创新创业的受教育者，高校可以利用其学分约束与激励举措推动其参与创新创业活动，同时他们自身的兴趣及周围群体的良好影响也将促使他们提升对创新创业教育课程的接受训练与感知认同。高校创新创业教育微观层面的两个重要主体互为动力支持：学生参与的创新创业需求将推动教师的教学研究，而教师的科研理论研究也会促使学生积极参与创新创业教育课程的训练，两者互为支持，共同促进高校创新创业教育的运行发展。

高校创新创业教育的有效推动离不开激励动力机制的作用，它可以激发教师的创新创业教学科研激情与积极性，进而鼓励学生创新创业的行为。高校为了提升教师的教研积极性可以将创新创业教学的实践指导考核指标划入绩效考评之中，将考核结果与教师职称晋升评定联系在一起，同时对指导学生开展创新创业实践项目活动取得一定成绩的导师进行奖励，从而调动其教学积极性。同时，高校还应注重对学生的创新创业激励，有关部门应当优化政策，建立良性的自主创业政策环境。高校应改革学籍管理决策制度，推行弹性学分制，让学生可以在较大弹性的学籍时间内安排学习与创业项目活动，实现学工交替，分阶段完成课程学业。同时，要发挥学生创新创业的主观能动性，给予其自主发展的机会，对于那些在创新创业竞赛中获奖的学生进行一定的奖励补贴。

对于高校而言，传统的纸笔考核方式已经无法适应创新创业教育的考核方式。传统的笔试考试是为了考查学生的记忆辨析能力，并不能对其创新意识与能力进行评价。因此，这就需要建立以素质为导向的考核激励动力机制。首先，可以对学生的创新创业项目参与度与贡献度进行评定，然后运用综合答辩的考核方式进行综合评议；其次，可以将创新创业项目的阶段性成果作为考核标准，这既对学生的综合素质提出了更高的指标要求，同时也体现了创新创业项目的特色目标。高校可以设置创新创业教育基金来健全激励动力机制，要科学评估教育质量与水平，对表现突出的学生给予奖励。同时，可以将学生参与的课题研究、科研项目实验及创新创业项目等成果转化为相应学分。高校与学生的协同一方面要求高校的统一领导、开放融合及全员参与，另一方面要将创新创业教育的改革推进放在教育发展的突出位置，落实其主体责任，成立工作领导小组，由校长担任组长，主管副校长担任副组长。同时，高校应呼吁全体师生积极参与创新创业项目，加强各主体对创新创业教育的沟通交流，形成一种浓厚的创业氛围。另外，各高校面对当今严峻的就业形势，应积极响应国家政府的号召，组织和培养学生参与创新创业竞赛，鼓励成功的知名企业家进入校园分享成功的创业经验。在推行创新创业教育运行过程中，高校应建立完备的激励动力机制，保持与国家政策导向相一致，同时要遵循企业的人才需求目标，培养社会所需的高质量应用技术型人才。

政策激励的协同是激励动力机制中的一部分，它注重创新创业政策的可操作性及各政策间的关联性作用。近年来，中央及政府出台了许多关于支持高校创新创业教育的政策性文件，但由于缺乏可操作性及政府执行能力等有待提升，相关政策最终无法落实。推动高校创新创业教育需要调动各方积极性，各级政府部门应当通过构建经济、教育及文化等多部门协同的工作机制，对现有的政策进行梳理总结，做到信息的及时反馈，为保障创新创业教育提供强有力的政策支持。高校应出台相应的协同政策，如构建激励动力机制，加强创新创业师资队伍的建设，组织学生参与创新创业竞赛；鼓励师生协作创业，将校内校外的创新创业资源进行整合汇聚，从而为创新创业教育工作的开展提供政策支持。创新创业政策在高校毕业生的创新创业指导服务中具有重要的激励引导与制度保障的功能，政策激励的协同包含了不同主体间的政策协同及政策先后协同，通过协同可以充分实现政策的有效作用。另外，政府在制定政策时应充分考虑高校毕业生与其他社会群体间的创业行为差异，要针对性地为其提供指导建议。

企业在激励动力机制的作用下，会根据自身需求融入高校的创新创业活动项目中。它将利用自身的技术、资金及渠道参与高校人才方案的规划制定中，在高校内为学生举办创新创业分享交流会，为即将进行创业的大学生进行思想上的宣传引导，以确保创新创业教育能够朝着合理科学的方向发展。企业或许还能为热爱创业的学生提供岗位实习的机会，从而为其创新创业打下坚实的基础，也为其创业梦想的完成提供更多的动力支持。

2．激励动力机制运作的基本原则

高校创新创业教育的动力来源是多元化的，受到师生、高校及政府等多方的综合影响。因此，在构建激励动力机制时应遵循一定的原则，确保各方管理决策主体可以相互配合、方向一致，将高校创新创业教育的力量发挥到极致。下面从高校创新创业教育的内涵及要素特点入手，提出高校创新创业激励动力机制运作的三个基本原则。

（1）维护各方动力的动态平衡

维护各方动力的动态平衡包含两个层面。从第一层面研究来看，各方对于推动创新创业教育程度的相互适应，推动的方向要一致。原因在于，推动高校创新创业教育的动力相比较之下会有强弱，若要从高校创新创业的最优角度出发，并非是越强越有效果。在宏观方面，如果政府和社会对于创新创业教育的动力大于高校时，其社会经济发展的作用会被盲目夸大，政府和社会对创新创业教育则会过分强调，将会利用资源渠道与行政压力使高校迫不得已改变原有的教育规划，不利于自身的教育发展，同时也会影响其他教学课程进行；当政府和社会对于创新创业教育的动力小于高校时，其社会经济发展的作用会被低估，政府和社会对于创新创业教育的关注度会递减，高校在资源配置方面也将面临困境。在微观方面，倘若高校师生的内外动力发展不匹配，则会造成动力失衡，对创新创业教育的运行实施造成障碍困扰。从第二层面研究来看，如果仅是各方动力强弱相适应，但是发展方向不一致甚至是相反，那么将会阻碍创新创业教育的实施运行。从宏观角度考虑，若政府和社会机构过分强调实践性的创新创业教学，而高校更为注重理论性的教学，两者对于发展导向的不一致将会使高校的实际资源无法得到合理配置，社会也无法获取高素质的人才。从微观角度考虑，若高校注重教学水平与质量的提升，教师则注重理论教学科研水平的提高，高校会对教师匹配的资源提出考核标准。如果教师的理论规划与高校相违背，那么创新创业教育水平的质量与理论研究水平都无法得到可靠的保障。若高校注重激发创新创业的理念认同，而学生注重自身综合素质的培养及创业能力的提升，高校提供的课程训练将不能满足学生需求，这会导致教学资源的配合失衡，收效甚微。总之，遵循高校创新创业教育的发展规律，走科学发展的道路是维持创新创业教育过程中各方动力动态平衡的重要保障。无论是宏观角度还是微观角度，师生、高校及政府间都应形成一种良性协调的关系，纵使各方主体的出发点、关注点有所不同，但是只要确保各方能够在推动创新创业教育的力量与方向上适度并保持一致，便可达到一种动态平衡的理想状态。

（2）协调各方动力间的培育转化

高校创新创业教育的运行离不开各方的共同努力，各方动力的重视发展离不开精心培育与转化。从宏观角度来说，培养学生全面发展的路径有很多，但是若想使以政府转型升级为导向的动力融入高校创新创业教育中，就必须对其进行政策引导与资源的合理配置。从微观角度来说，学生针对自身综合素质的提升和能力开发的方式有很多，若要使高校推动创新创业教育的动力通过特定途径转化为学生自身的动力因素，则必须开发培育出合适的动力载体，这种动力载体既有显性也有隐性。对于高校创新创业教育来说，显性的动力载体包括政府的鼓励政策、高校的奖惩规定及政府与社会机构提供的经费物质支持等；隐性的动力载体包括大众对创新创业行为的认同与尊重，以及鼓励学生参与创新创业的校内文化活动等。只要能够注重各方动力有层次地与各层面主体参与创新创业教育工作，对其动力进行合理的引导、强化与推进，便可使高校创新创业教育的运行实施达到最优的状态。

（3）防止各方动力的异化发展

高校创新创业教育的动力一旦调控不准确，或者力度与方向把控不稳定，极易产生异化现象，动力异化主要表现在教育的工具化与应试化方面。政府及社会机构在推动创新创业教育的过程中，将其看作社会转型升级与创业机会的工具，过度强调短期成果、忽略教育自身的价值规律，这便是工具化的体现。高校在这种错误化的引导下，会局限地关注学生的理论支持培养而忽略创新理念的迸发，同时也违背了全面自由的育人观念。应试化则是高校通过考试的传统方式对学生参与创新创业活动的情况进行局限地考核，无法从真正意义上体现学生的真实创业认知和综合素质，同时在一定程度上会打击学生的积极主动性。因此，在坚定创新创业教育发展目标时，高校要始终牢记自由全面育人的教育理念，在此基础上形成特色的课程理论教学与科研方式培养。此外，高校还可结合各方动力主体的建议策略，进行沟通交流，深刻总结认识创新创业教育的发展规律及本质特点。

（三）调控机制

由于高校创新创业教育在运行的过程中有多个行为主体的参与，各行为主体会因自身利益、情感及认知的不同导致运行过程中产生行为冲突，这会阻碍高校创新创业教育的发展进程，产生难以解决的问题与矛盾，若要保证其正常运行实施就必须进行合理调控。高校创新创业教育调控机制可以理解为，其内外各要素通过制定目标、合理定位及发挥作用等调节化解运行过程中出现的矛盾问题的机理。运行情况的调查与目标调整是高校创新创业教育调控机制的核心任务，对于运行状态进行合理的评估可以确保及时发现运行中存在的矛盾问题，保证问题可以在第一时间内得到快速解决。下面将针对高校创新创业教育调控机制的运行进行科学研究，以此重点分析高校创新创业教育调控机制的调查评估及目标规划调整环节。

1. 调控机制调查评估环节

对于高校创新创业教育运行情况进行科学调研及矛盾问题的准确判断，都是创新创业教育运行工作调控的重要组成部分，而建立调控机制的重要前提便是制定科学合理的运行情况调查环节。对于构建调查评估环节而言，重点在明确调查评估环节的主体、调查评估环节的对象及内容，以及调查评估环节的途径及方式。

在建立运行情况调查的环节时，涉及的高校部门及实践教学活动较为繁多，因此必须明确调查评估的主体，明晰其责任，从本质上对高校领导机构的决策进行干预、指导和管理，这都是为资源合理配置打下良好的基础，以促进创新创业教育水平的高效发展。同时，为了提高化解矛盾问题的效率，在工作领导机构和专家委员会的两个决策主体内部应分别设立运行调查评估的部门，这样不仅可以提高反馈效率，还能够保证评估机构的威严性，有利于将两个决策主体的思想价值和理念导向贯彻到工作中去。同时，为了保证评估反馈信息的客观性，还可以引入校外第三方调查评估机构，这是对评估工作的一大补充。三方的工作性质在一定程度上较为相似，但是侧重点却各不相同：领导机构负责的调查部门主要是从创新创业教育的宏观层面着手，负责整体投资与资源调配；专家委员会负责的评估部门则更侧重于微观角度，如师生的建议策略及教学科研的设计运行；校外第三方调查评估机构则侧重于创新创业教育的整体运行情况，使其达到高效理想的目标。

评估环节同时也可对学生的创业项目进行全面综合划分，应从长远发展的角度来看待创业选择的方向，对近些年创新创业领域的发展状况及存在数量进行细致盘点。倘若发现市场中的领域已经出现饱和状态，那么就要用建设性的眼光对项目未来的发展趋势进行估测研究，从而评价其发展潜力。这些举措都可以为创业学生提供有利的参考性建议，以确保其创新创业项目不会随波逐流，失去独创价值。

完善的评价环节需要对主体进行定期的综合评价，既包括政府是否能够充分利用自身职能协调各方利益，推行政策的实施，也包含企业是否可以为创新创业的学生提供成熟的实践基地，以及中介机构是否为学生制定了完善的创业服务体系，这些都是评价环节的内容。只有对各主体进行定期核查，才能端正检验其工作态度，对各参与主体方起到监督促进的作用。

创新创业协同评价机制是调控机制中的一个方面，它有助于提高创新创业教育机制运行效率。首先，高校在实践教学科研效果评价的机制下建立创新创业教学效果评价机制可以有效地评价校内师生，务实教学科研成效，并逐步完善专业实践教学的质量。其次，企业与高校可以协同推进创新创业教学评价，将教学质量与教学报酬、评优及职务晋升联系起来，以此激励企业单位重视创新创业教育的推行。

创新创业教育质量考核评估机制是调控机制的另一个方面，它可以通过对创新创业教育的实施水平与效果进行及时反馈，对教育活动做出价值评估，提高学生的创业技能与素质，对于优化创新创业教育以达到价值增值的目标具有推动作用，有助于约束和规范各方主体的协同关系，是促进协同关系的制度保证。构建新型考评机制有利于激发企业参与高校创新创业教育的积极性。一方面是外部考评，上级政府部门将创新创业教育的质量作为教育水平质量的重要指标，同时要求第三方调查评估机构对其进行绩效评估，接受舆论的监督。另一方面是内部考评，协同双方应立足资源调配和项目执行等方面进行绩效评估，明确各方的权力职责，逐渐健全跨界协同关系下创新创业教育体系的管理制度。科学有效的评价体系对于协同育人的运行过程及环境具有重要意义。创新创业教育协同育人环境的考核评价内容包括高校毕业生创新创业法律法规、创业扶持制度政策及创业咨询机构的数量；是否设置创业教育基金或进行风险投资，这将为创新创业教育提供资金的支持；协同育人的教学水平评估包含课堂与实践的教学评估。课堂教学评估可以从核心课程规划设计及多元教学方法展开，而实践教学评估包括校内和校外实践，可以表现在创新创业竞赛、实践活动及论坛的举办成效。评价考核的内容要全面有效，不仅应对创新创业教育活动的结果进行评估，还要对活动的过程进行细致监测；定性与定量研究相结合的方法可以作为评价的一项绩效指标。

高校创新创业教育体系可以分为参与主体、育人载体、投入状况及整体效果四个层面。当然，对于研究调查教育的运行情况也可从这四个层面进行细致分析与总结。通过访谈交流的形式了解师生对于创新创业教育情况的个人态度；对于教学课程的形式和内容进行不定期的监测，从而发现育人载体中所存在的不足之处；对于人力、物力及财力资源的调配情况，要进行深刻的投入情况分析；了解参与创新创业培训的学生在综合素质与创业意愿上的能力提升是了解整体效果必不可少的因素，同时师资力量的增强也是工作成效的一大体现。总之，这四个层面对于建立高校创新创业调控机制具有举足轻重的作用，建立四位一体的多元评估体系对于调查评估环节也尤为重要，这不仅可以及时获取评估运行的具体信息，还可以为决策系统提供高效的反馈信息。

在调查评估环节中，若要了解参与主体的主观感受则必须制订合理的访谈纲要，可以通过合理性的访谈形式了解参与主体的意愿感受，对访谈信息进行整理总结。在育人载体和资源投入层面，这些评估对象都是客观存在的，因此其结果具有客观存在性，在此调查环节应当明确调查的标准，具体的课程覆盖范围及经费投入情况应当纳入评估体系中，从而建立规范的创新创业教育评估体系。在整体成效的评估环节，可以针对不同的教学阶段对参与主体进行认知测量，从而获取所需的信息数据，在微观角度侧重于对个体现状的调查，在宏观角度则侧重于创新创业教育整体成效的研究。

在高校创新创业教育中，教育与创业主体的分离是导致创新创业教育问题不断发生的重要影响因素。若想化解这种矛盾问题，就必须从学生的立场角度来推进创新创业教育的改革进程，将师生间的单向传输转变为两者的双向互动，将二元分离的教学创业主体转变为多元主体的协同发展。应努力分析各方利益诉求和特点，从创新创业教育属性的角度出发，打造利益发展共同体，尤其是以师生、高校与政府构成的创新创业教育发展共同体，最终实现多元主体的协同发展。在高校创新创业教育的运行过程中，政府应当为创新创业教育提供政策制度保障，负责政策的供给落实；高校则应不断推进人才培养模式的升级，力求在课程教学体系与方式方面满足学生的个性需求，为创新创业教育提供动力支持和机制保障。教师应当在创新创业教学领域中，充分发挥学生的主观能动性，实现师生的共同发展与进步。同时，学生应当树立正确的创新创业价值观，积极参与创新创业竞赛，在比赛中获取经验，提高自身的创业综合素质。企业则应当构建合作贡献的利益机制，参与创新创业活动，充分发挥创业教育共同体的职能，消除化解各方参与度与积极性低下的矛盾问题。

2. 调控机制的协调完善环节

调控机制可以利用高校创新创业教育调查评估主体所得到的反馈信息，协调和完善各方主体的工作规划与行动制定，这有利于创新创业教育运行的优化升级。调控机构的调查评估环节所涉及的部门众多，在此过程中会涉及跨部门合作的理念，因此可以从组织和制度这两个层面对高校创新创业教育进行推进。

跨部门协作的首要问题便是各方利益的不平衡及目标不一致，一旦两个部门间缺乏协作和沟通，将会影响整个创新创业教育的成效。因此，结合我国高校的实际情况，需要成立一个富有权威性的管理组织来对跨部门协作过程进行完善管理，其职能便是打破部门合作壁垒，加强部门间的交流沟通，最终实现行动的统一性。同时，高校领导及相关职能部门的加入，不但可以提高协同合作管理机构的权威性，而且有利于争取教育资源及部门间的沟通交流，更能使领导机构与各部门院系间达成共识，促使工作的贯彻落实。

多部门间的工作交叉将导致跨部门协作的效率低下，并且极易产生矛盾问题。为了消除这种模糊工作职责带来的合作障碍，一是要明确各部门在协作过程中的职责权限，可以利用协商性的工作文件与会议将分工制度化；二是可以明确职责主体的工作，加强职责权限难以划分的部门间信息交流的联系及拓宽信息反馈渠道，以此减少和化解工作矛盾。

科学合理的组织框架对于高校创新创业教育调控机制的协调完善有着推动作用。同时，在制度方面还可将工作更加稳固化。高校创新创业教育的跨部门协作若想达到可持续、规范化，既要有规章制度的刚性需求，也要有文化交流的柔性保障。

从跨部门的刚性保障角度考虑，如果仅仅依靠部门间的口头协议和人际主观因素来协调和完善部门间的关系，是难以持久下去的，因为它无法保证高校创新创业教育运行的稳定发展。只有构建出协作部门认同的规章制度，加以强有力的手段进行规范，那么再遇到矛盾问题时，便能确保协作的可靠性与持续性。第一，高校创新创业教育跨部门的正式制度需要强制力加以保障，因此应明确制定机构。高校创新创业教育工作领导机构与专家委员会作为两大决策主体，可以根据相应的决策范围和侧重领域对合作制度进行制定划分。第二，要形成相一致的制度体系。由于决策主体的不唯一性，在制度标准方面或许会产生矛盾与冲突，因此就必须在制定协作制度方案时充分了解双方意愿，加强沟通交流，形成一致的制度目标体系。第三，在充分了解和调研各职能部门及科研教学机构的基础上，建立制度执行的监督机制，通过预警等强有力的手段将协作制度落实到位。

从跨部门的柔性保障角度考虑，文化交流的构建应当以共同的价值取向和理论信念作为基础，不同部门间建立的理念共识应以相同的价值取向为联系，从整体利益最大化的角度出发，制定设计自身的行为目标。另外，可以构建更多的良性沟通平台和协作机制，拓宽交流沟通渠道，制造更多的常态化对话机会，做到资源共享、信息互助，营造一种良性和谐的文化合作氛围，以此培养部门间的默契。在此过程中，也可加强各部门的合作意识，建立长期有效的互动信任感，这有助于构建协作文化生态，满足共同的价值理念与目标追求，通过部门协作的交流互助，可以提高其向心力与凝聚力，对于高校创新创业教育的未来发展具有重要意义。

笔者以高校创新创业教育协同机制为研究对象，依次对管理决策机制、激励动力机制及调控机制进行了深入的研究、分析与探讨；结合高校创新创业教育管理决策主体及关系分析，研究了高校创新创业教育管理决策运作程序及构建原则；结合高校创新创业教育激励动力机制宏观层面与微观层面，对其构建的基本原则进行了深入探讨；结合高校创新创业教育调控机制的目标及任务分析，从主体、对象，以及内容与途径方式层面对调控机制的调查评估环节进行了研究，从组织和制度建设层面分析了调控机制的协调完善环节。

四、创新创业教育协同机制的保障

建立一个完善的高校创新创业教育协同机制保障体系能够保证创业有关教学活动的顺利开展。不同于其他形式的教育，创新创业教育旨在促进人的全方位发展且符合经济社会发展的需求，是一种崭新的形式，其实施比较复杂，需要建立一套成熟的保障体系。高校创新创业教育协同机制能不能顺利开展，必须聚焦于三个关键点：第一是教学者，组建高水平的教育队伍；第二是教学质量管理，保证优质的教学质量；第三是制度环境，创造良好的教育环境。结合高校创新创业教育协同机制这三个关键点，笔者认为创新创业教育协同机制保障体系应包含三个部分，一是教育队伍保障体系，二是质量管理保障体系，三是教育环境保障体系。这里将围绕教育队伍、质量管理及教育环境体系的建设，对创新创业教育协同机制保障体系展开透彻研究。

（一）教育队伍保障

教师是创新创业教育知识的传播者和实施者，学生创新创业理论知识和实践训练离不开专业教师的指引，要完成创新创业教育相关目标离不开教师的教学实践，组建完备的教育队伍保障体系才能保证创新创业教育协同机制的成功运作。优秀的创新创业型教学队伍是高校创新创业教育的重要力量，促进优秀教师队伍建设是创新创业教育协同机制的根本保证。教师是促进创新创业教育的中坚力量，在教学方式的采用、教育质量的完成等各方面都发挥着重要作用。教育队伍建设是开展创新创业教育的关键所在，高质量、优秀的创业型教师队伍，对转化教育观念和形式，提高高校学生创新创业能力，发挥着举足轻重的作用。开展创新创业教育需要一批专业化的教师队伍，组建一支钻研创新创业教学、具有足够经验，或者兼具经验和科研的教育团队是创新创业教育协同机制的重要保障。

创新创业教育队伍建设有两方面的特征：一方面是创新创业教育由于开展较晚，其观念和形式在初期推行过程中会出现教师缺乏的情况；另一方面是创新创业教育必须理论联系实际，必须要有理论授课教师和具有丰富创业经验的教师。考虑到上述两个特征，笔者认为，为确保创新创业教育的高效实施，必须构建一支结构科学合理、具备专业素养的专职与兼职教育队伍，并进一步完善创新创业教育师资的培养与发展机制。

1. 构建一支结构科学合理、具备专业素养的专职与兼职教育队伍

高水平、高质量的教育团队是顺利开展创新创业教育的关键点，推动优秀的创新创业教育团队建设是发展创新创业教育的前提，教师是促进创新创业教育发展的主要力量，在课程研究、教学方式采用、教学成效等方面起着至关重要的作用。新时代教师必须满足创新创业教育新的要求，参与教学的教师必须掌握一定程度的创新创业理论、经历和能力。通常情况下，专职教师的数量是依据专业需求确定的。另外，还可以聘请企业里有丰富创业实践经验并兼有理论知识的专家作为兼职教师，并邀请成功的创业者来高校开展创业讲座。因此，为了推动创新创业教育的发展，高校应招聘高质量的创新创业教育人才，构建一支与时俱进的专兼职创新创业教育教师团队。在组建一支高水平的专职教师队伍的同时，还需要聘请一些创业实践型教师，从国内外企业邀请兼具实践经历和理论知识的全面人才，如成功的创业者、行业专家、投资专家等作为兼职教师，他们通过开展专题讲座等形式，不仅能让本校教师更新其理论知识，还能向大学生传授有用的实践经验，提高学生对创新创业的兴趣和积极性。高校可以和一些国内外企业建立合作联系，合作企业提供一些先进的创业理念和实践项目，利用企业职员讲课、开展讲座、指导实践等形式，培养大学生的创新创业思维能力，提升他们的创新创业热情，只有这种全面的教师团队才能推动创新创业教育的发展。专职教师主要包括本校专门研究创新创业或与其密切相关的教师；兼职教师主要包括其他高校创新创业专职教师及有创业经验的企业职员等。在兼职教师中，其他高校创新创业专职教师主要承担创新创业理论教育方面的职责，有创业经验的企业职员主要承担创新创业实践教育方面的职责。

（1）专职教师队伍建设

高校需要建设一支专门钻研创新创业教育的师资团队，来对教学理论进行深

入研究，探究高校开展创新创业教育的现状、问题及解决对策，探究大学创新创业教育的进展规律和趋势，为高校创新创业教育变革、进展和实施提出科学的、权威的、有效的理论依据。该团队需要分析目前的就业形势和创新创业形势，探究就业规律和创业政策，总结有效的创新创业办法和技巧，从成功案例中总结创业者的必备素质，加快构建创新创业教育理论体系，编写出实用的学科教材。高校创新创业教育专职教师队伍主要包含两类人：一类是专门探究创新创业教育的职员，另一类是探究与创业教学密切相关范畴的职员。

一方面，促进创新创业教育学科发展，构建师资培训平台。创新创业教育的目标、教学内容和形式是独立的，因此专职教师团队培训也是独立的。由具有创新创业教育研究经验的专家成立创新创业教育学科，不但可以逐步促进创新创业教育的发展，提出有利于创新创业教育实行的探讨结果，而且可以培养出理论知识渊博的博士和具有创业实践本领的硕士，利用强化创新创业教育研究和培训专门教学人员来组织高水平的创新创业教师队伍。借鉴国外高校生命教育、创业教育等发展过程，全新教育形式广泛发展的前提是构建独立学科，美国 1980 年创业相关学科的兴盛，促使了近 20 年美国高校创新创业教育的普遍、快速发展。

另一方面，搭建创新创业教育教师进修培训平台。创业所需要的知识包含社会学、政治学、经济学、管理学等众多范畴，大学创新创业教育与社会学、政治学、经济学、管理学等学科及思想道德教育都相关联。优秀的教师队伍对大学生创新创业能力的培养起着关键的作用。但是，当前高校既有创新创业理论知识又有创业实践经验的专业教师是十分稀少的，大多数教师只是接受了短期有关教学培训，只能传授基础的创业知识，实践经验不足。如果只传授基础知识，是不能培养大学生的创新创业实践能力的，这是影响高校创新创业教育深入发展的难点。因此，提升创新创业教育教师质量、组建优秀的教师团队是目前迫切要解决的问题。在开展创新创业教育的初期，可以为教师提供进修培训的机会，让他们参加一定的基础知识理论培训，以充分适应创新创业有关科目的教学要求。为了提高师资研究能力，可以鼓励教师参加国家级的创新创业培训会、地区论坛会、研讨会，选择优秀的教师出国访问学习，感受其教育观念和教育方法与国内的不同点；为了丰富教师的创业经历，实施“产学研一体化”模式，将研究结果带入实际创业过程，还包括建立校企合作项目，使教师参与经营治理企业。

（2）兼职教师队伍建设

除组建一支知识广博的专职教师队伍外，还需要组建一支实践经验丰富的兼职教师队伍。兼职教师队伍建设需要具有创新创业能力的教师加入，聘请国内外具备创新创业实践经历和丰富理论知识储备的全能型人才，如企业家、创业成功者等。他们作为高校创新创业教育的兼职教师主要以开展专题讲座的形式教育和指导学生，提供直接经验，通过沟通和协作，让高校学生能够了解到更多有效的经济管理知识和办法，提高学生创新创业的热情和能力，让他们未来创业更加顺利。高校创新创业教育兼职教师队伍也主要包含两类人：一类是其他高校研究创新创业教育的教师，另一类是有丰富创业经验的企业职员。

构建区域创新创业教育教师共享体制。由于本校可能会存在专业教师不足的情况，高校可以联合本区域其他大学建立创新创业教育专业教师资源库，组建师资共享体制，以开放的心态全面机动地运用本地区优秀的教师资源。这不仅可以利用高校之间师资的资源共享来解决教师队伍缺乏的问题，还可以充分了解到其他高校创新创业的优点和特征，提高大学创新创业教育的水平，多种高校创新创业教育形式的交流讨论和相互影响能提高整个地区创新创业的教育水平。

构建创新创业教育校外教师聘请制度。高校作为带头人，可以联合本地区政府和企业，建立创新创业教育校外实践基地，聘请有丰富经验的公司及政府职员来担任实践基地教师，让他们用自己的经验引导学生，承担提升学生创新创业实践能力的责任，教给学生如何将创新创业理论知识与实践相结合。

2.进一步完善创新创业教育师资的培养与发展机制

教师是开展高校创新创业教育的主体之一，担负着培育人才和提升大学生创新创业实践能力和创业积极性的责任。一个国家和地区的教育水平从根本上取决于教师队伍的整体素质。没有一流的教师，就培养不出一流的人才；没有高水平的师资队伍，就办不好人民满意的教育。从这里可以看出，创新创业教育的教师团队质量会对创新创业教育产生重大影响。组建一支具有创新思维、丰富实践经验和专业理论知识的教师团队是确保创新创业教育教学效果的核心。借鉴国内外高校创新创业教育教师团队建设的先进经验，并联系我国实际情况，可以从以下几方面来提升创新创业教育的教师团队质量。

（1）设定严格的创新创业教育教师聘用条件

目前，我国高校还没有专门的创新创业教育专业，所以创新创业教育教师非常稀缺。为了确保创新创业教育的正常开展，会由主管大学生就业的部门教师和一些经济管理学院的教师来负责创新创业教育的教学工作。其实，大部分教师没有接受过长期的创新创业教育培训，并且几乎没有创新创业经验，教师团队质量普遍较低。因此，在组建创新创业教育队伍时，要挑选高水平教师，可以在学历、专业、创新创业经验等方面设立严格的准入条件，既看重创新创业教育理论知识也看重创新创业实践能力，不仅重点考察教师的创新创业思维能力、教学水平、知识储备和实践能力等方面，还需要考察最基本的思想道德品质方面，提高入选门槛，挑选出一支高质量、优秀的教师团队。

（2）完善创新创业教育教师团队结构

首先，组建高质量的专职师资团队。高校应该建立创新创业教育教师培训制度，组织教师参加国内外培训活动并鼓励教师去企业挂职获得实践经验，尽力为创新创业教师提供优质的学习环境。其次，充分利用本校各专业教师资源。组建一支拥有不同专业知识的教师队伍来开展教学活动，使创新创业教育师资团队结构更趋于合理化。再次，重视挑选和培养优秀的创新创业教师。依据严格、公平的准入条件，选拔出一支高水平、高质量的优秀年轻教师队伍。最后，组建一支经验丰富的兼职教师队伍，聘请创业成功者、企业职员、风险投资者、经济管理类专家等来担任高校的兼职教师，填补高校实践教师的不足，向学生传授创新创业实践经验和技能，给他们提供坚实的支持和帮助。

（3）构建系统的创新创业教育师资培训制度

优秀的教师团队是创新创业教育的基础，挑选和培训教师是组建高水平师资队伍的唯一办法，创新创业教育对教师设定了更高的条件，教师需具备创业基础知识、创业经历和创业能力。强化创新创业教育教师培训、提高教师的综合素质是促进创新创业教育深化发展的关键。教师团队需要从目前的知识型、传授型向创新型、多样型转变，需要重点培训教师的创新思维和实践技能，让他们探究出提升学生创新意愿和思维能力的办法。教育部原副部长赵沁平同志说过，要想培养出具有创业素质的学生，教师就必须要有过创业实践经历。① 为了实现此目的，一方面要鼓励教师“走出去”，即选拔优秀的教师与企业一同参与创业实践或独立创业，充分让教师将理论和实践联系起来，提升其教学和实践的综合能力，国外许多高校的教师都亲身体验过创业的全过程，有些教师从事过或目前仍留在企业，他们更加清楚目前的创业形势、发展趋向和实际创业过程中会遇到的问题。另一方面要尽力探寻多种创业实践活动，强化国内外创新创业的交流和探讨，组建一支优秀的、高质量的创新创业教育教师团队。教师需要接受专业化的全面培训，具备创新创业知识是基础，另外还需要参加各种研讨交流会、成功案例分析

① 王韧农．培养大学生创新意识是国家创新体系可持续发展的要求[J]．学理论，2009（2）：86—88．

会和创业经验会，提升全方面能力。

（4）构建系统化的创新创业教育培训制度

一方面，要扩展创新创业教育教师的培训途径。各个高校可以定期邀请国内外专家学者在高校开展创新创业教育专题讲座，为本校教师和外校教师更好地进行交流学习提供更多的机会，让本校教师学到更先进的教育理念和经验；每年选派优秀骨干教师参加国内外举办的创业研讨会和培训会，让他们学习到目前最新的创新创业教育理论知识和创业有关的一线动态。另外，挑选优秀教师并让他们到企业挂职工作，坚持理论和实际相结合的原则，利用具体实践项目、企业运作管理等工作，获得创新创业实践经验，然后将其在企业实践中学到的知识传授给学生，不断丰富教学内容。

另一方面，要增大培训强度，提升师资队伍的整体质量。首先，要与时俱进，定期更新创新创业有关理论知识，并扩展教师多方面的专业知识，如经济、管理、法律等方面，提高其综合素质，培养教师综合运用各种知识的能力。其次，鼓励教师研究创新创业教育理论，如当前就业形势、创业的现状与难点、如何将理论与实践相结合的研究。在探索过程中，逐步健全创新创业理论，培养教师创新思维能力。最后，提高教师的创新创业实践能力。为了丰富教师创新创业实践经验，高校应该为教师创造更多的实践条件，尽力解决他们在创新创业实践过程中遇到的问题，提高教师创业积极性，让所有的创新创业教学教师都敢于创业和实践。

（5）做好教育队伍激励机制建设，完善教师考评和激励制度

对教师进行职业品德教育，提高创新创业教育的积极性、主动性和责任意识。不但要多开展教师培训会，强调创新创业教育对国家未来发展的重要性，强调此工作需要很明确的责任态度；而且要借助网络、校报期刊、横幅、微信推送等宣传形式，创造一种积极的创业氛围，由此增强大家对创新创业教育的肯定，提升教师工作的成就感。另外，高校领导也应高度重视创新创业教育工作，提高教师的教学积极性。

对于创新创业教师的工作量，依据其教学特点，需要把创业讲座、创新创业实践指导、解答创业咨询等工作换算成教学工作量。在绩效考核中，要清楚教育质量管理组织结构，制定重要教育环节质量管理标准与教学管理制度，健全教育质量保障分析系统与质量反馈信息处理系统，构建人才培养质量控制模式。作为高校创新创业教育中的主导者和引导者，教师必须提高综合素质和改变实践能力观念，并把教学质量和创新创业实践相结合；要加大对创新创业教育的考评，综合考虑教学水平和创业教学能力，在某种意义上消除“纯学术学者”，让教育团

队从知识型、传授型向创新型、多样型转变。

完善教师考评和激励制度，提高教师创新创业教育工作的积极性。绩效考评要依据创新创业教育的特点，综合运用定性与定量的办法考察教师的创业意识、研究能力和教学水平等，教师参加创新创业教学与探究是绩效考核最基本的要求。高校应制定明晰的激励制度，向取得优异成绩的教师提供一些物质奖赏和精神表扬；给从事创新创业教育研究和创业实践的教师提供实践基地和资金支持，这些有利于吸引高质量的师资力量和确保创新创业教育的顺利开展。

（二）质量管理保障

《国家中长期教育改革和发展规划纲要（2010—2020）》中谈到，教育改革发展的核心任务是提高质量，树立以提高质量为核心的教育发展观，建立以提高教育质量为导向的管理制度和工作机制。针对高校，教育改革发展的核心任务也是努力提高教育质量。高校可以组织创新创业质量保证领导负责小组和专家小组，利用行政力量和学术权威，协同保证创新创业教育质量。要建立行政和学术体系下的教育质量保障体系，就需要对大学创新创业教育质量进行深入评价和剖析。构建高校创新创业教育质量评估制度，是大学创新创业教育质量管理保障体系的重中之重。教育质量保障不仅包括创新创业教育师资、物资等保障，还包括创新创业教育的教学成效保障。在此基础上，笔者认为要建立以加强创新创业教育评估为焦点的创新创业教育质量管理保障体系，按期考评高校创新创业教学组织状况与教学成效，随时监测并对其实施情况进行考评，为提高教学质量提供科学依据并充分利用各种资源。

1. 创新创业教育教学组织评估

创新创业教育教学组织评估主要集中于考评高校对创新创业教育的重视程度和各方面投入情况，评价高校创新创业教育教学组织情况是完善教育改革和提高教育质量的前提。评价创新创业教育教学组织情况的关键是选择科学的评价指标，一般来说选择考评标准可以参考投入、过程和效果。对投入的考评标准主要涉及创新创业教育的各方面投入状况，包含政策保障、教师队伍投入、资金投入、管理人员投入、基地建设投入等方面；对过程的考评标准主要涉及创新创业教育具体课程安排、教学方式、教学服务保障、组织管理等方面；对效果的考评标准主要涉及学生理论学习成绩、能力状况、实践技能等方面。鉴于对高校创新创业教育教学组织评估主要就考评高校对创新创业教育的重视程度和投入，所以笔者选择了以下几个评估指标来具体展开分析。

（1）政策保障方面

政策保障现状不仅表现在高校对创新创业教育的行政支持，如是否组织由高校领导带头的创新创业教育任务领导小组，及时处理与创新创业教育有关的各项工作，还表现在高校对此类教育的学术支持，如是否构建创新创业教育学术研究的激励制度，以及是否组建创新创业教育专家小组，为教学质量的提高提供坚实的政策基础。

①教师队伍投入。教师队伍情况不仅表现在本校创新创业教育专职教师和兼职教师的人数上（教师人数的多少可以看出高校开设创新创业课程的多少），还表现在优秀教师占全部教师的比例上（包括博士学历教师比重和正、副教授比例）。

②资金投入。创新创业教育能否顺利开展的核心是资金投入。高校创新创业教育资金投入由两部分组成：一是基础资金投入，即创新创业教育研究资金的投入；二是重点资金投入，即创新创业开展教学活动的资金投入。其中，开展教学活动的经费主要包括显性课程和隐性课程管理运行的资金投入，也包含对优秀人才投资的花费，如补贴优秀学生参加创业实践比赛所需的花费、创业项目研究经费等。

③管理人员投入。创新创业教育管理人员范围很广，即创新创业教育体制中除教学教师外的所有人员。他们主要从事创新创业教育的隐性课程的相关工作，对组织管理人员投入情况进行考评，如是否建立专门的创新创业教育管理机构、管理创新创业教育的职员数目等。

④基地建设投入。基地建设包括创新创业教育理论研究基地和创新创业教育实践锻炼基地。理论研究基地建立在校内，学生在这里学习理论知识，是研究理论的主要地点。实践锻炼基地是提供给有创业意愿学生实践锻炼的重要场地，该基地主要由高校结合政府和公司建立，一般设立在校外。基地建设投入的考评标准包括软件标准和硬件标准，软件标准包含基地配有的理论教学教师和实践引导教师，硬件标准包括创业教育基地的个数和基地能容纳的学生人数等。

（2）教育课程安排方面

高校创新创业教育的显性课程包括大学必修课、选修课或辅修课，这些课程能让学生获得创新创业教育的基础理论知识。另外，也包含专业课程、思想道德教育课程、通识课程等，有利于提高大学生创新创业的能力。高校应该制定科学合理的创新创业教育显性课程，课程内容应涉及创新创业理论知识、创业技能要求、目前创业形势等，从传授基础的理论知识到提高学生创新创业的能力再到让学生了解创业的价值所在，最后培养创造性思维和激发大学生创新创业的积极性。隐性课程并不是传统的课程规划中的大学课程，它是借助高校文化和学习环境来对学生产生影响，事关学生综合素质的提升和身心健康的发展。高校创新创业教育隐性课程是在课外开展的，需要学生从本校的学习氛围中学到相关创新创业理论知识。创新创业教育隐性课程不同于显性课程，具有两个特征：一是形式更加多样，显性课程主要采取传统的教室教学方式，而隐性课程要借助于一些课外活动，参加这些活动能学到有关创新创业知识和提高创新创业实践能力，隐性课程的形式非常丰富，如创新实践比赛、参与社团组织、课外实践锻炼等；二是学习过程更加轻松，创新创业隐性课程把有用的创新创业知识、实践能力等放到具体场景，通过活动展现出来，大学生能够在轻松快乐的环境中获得知识，并提高创新创业学习的积极性。

（3）教学方式方面

高校创新创业教育教学方法是指高校为了培养出具备较高创新创业意愿、熟知创新创业理论知识和掌握实践能力的学生，在教学中采用各种办法将教学目标转变为教学成效。笔者认为，创新创业教学应采用传授与启发研究相结合、理论与实践相结合，也可采用实践教学、理论传授法、案例教学法、研究型教学、启发教学法等教学方法。

（4）服务保障方面

良好的创新创业教育质量离不开完善的创新创业教育服务保障体系。完善创新创业教育服务保障体系需要做到以下三点。第一，创建大学生创新创业指导服务中心。指导服务中心一方面可以向创业实践队伍提供经费、场所和人才等支持，另一方面搭建可以强化大学生与企业之间的联系。因此，各高校应结合本校具体情况，设立专门的创新创业指导服务中心，对创业的学生和创新项目提供一对一帮助服务并给予及时指导，时刻关心他们的未来发展趋势，对于创业失败的学生要帮忙分析问题找出对策，鼓励他们继续努力。第二，强调创建创新创业教育实践基地的重要性。高校应该为学生提供一个将想法转化为实践的场所，构建完善的、设施齐全的创新创业教育实践基地。建好创新创业教育实践基地后，要充分利用其实践功能，向全校师生宣传，扩大受益群体数量并进一步规范其管理制度。第三，创建创新创业教育信息化服务平台。高校应充分利用好网络和图书馆强大的信息宣传的作用。可以在图书馆设置一个为学生提供创新创业教育系列书籍的专门书架，书架上面摆放整理好的有关创新创业方面的书籍和期刊，并且实时更新有关创新创业类的文献资源，让师生享受到各方面的信息服务。此外，当前是

“互联网 +”的时代，人们获取信息的重要途径也是通过网络，高校应构建网络化的信息服务平台，让师生更加方便快捷地获取到更多和更加准确的最新创新创业政策、相关讲座、典型案例、实践企业等资源，充分发挥图书馆和网络的学习功能。

要想充分了解高校创新创业教育目前开展的现状，就必须设定创新创业教育组织评估标准，这不仅有利于高校创新创业教育完善需要加强的方面，促进高校创新创业教育的健康发展，还能促进创新创业教育理论研究和创新创业实践的发展。借助创新创业教育组织评估标准，对其进行纵向比较，可以看出高校对创新创业教育的投入和重视的变化情况；对其进行横向比较，通过对比不同高校的开展教育情况，借鉴其好的办法，为领导制定创新创业教育政策提供有关宝贵建议，也能为全省（市）甚至全国制定教育有关政策提供现实依据。

2. 创新创业教育教学效果评估

开展创新创业教育是为了帮助高校学生增强创新创业意识和提高创新创业能力，让他们树立正确的价值观并积极主动地尝试多种行业的创新创业。增强创新创业意识、提高创新创业能力是实现教育目的的关键所在。开展的所有教学活动是否达到教育的目的、能达到何种程度，即大学创新创业教育的教学效果。简单地说，评估教学效果，即判定参加过创新创业教育的学生的创新创业的意识、积极性和能力是否强于未参加过培训的学生。因此，大学生创新创业教育教学效果必须和创新创业教育目标相对应。

鉴于直接评估大学生创新创业意识和能力比较困难，为了更加科学合理地评估大学生的创新创业意识和能力，笔者提出创新创业意愿和创新创业自我效能感两个概念。

（1）创新创业意愿

创新创业意愿指的是大学生是否有创新创业的想法和主观态度，反映了大学生对创新创业的积极性高低。与目前的高等教育系统中的专业教育不同，高校创新创业教育是帮助大学生树立正确的价值观、增强创新创业的积极性并让他们有信心参与实践创业活动，是培养大学生创新性、独立自主创业意识的教育。高校创新创业教育在讲授创新创业理论知识的基础上，还要丰富教学形式和更新教学方法，开阔大学生的思维，增强他们创新创业的意愿，培养他们的创新性思维和主动性意识。对每个大学生来说，培养他们创新创业独立主动的意识是为了使他们形成独立、创新的思维，帮助他们明确自己的主体角色，激励他们充分发挥个人主动性和潜力去提升自己的价值，获得显著的进步和发展。

（2）创新创业自我效能感

创新创业自我效能感是基于美国心理学家班杜拉（Bandura）在 1977 年提到的自我效能感而产生的。班杜拉认为自我效能感是个人对自己是否可以完成这件事情的估计和判断，适用于很多领域，并且不同领域的含义各不相同。[①] 创新创业自我效能感是其在创新创业领域的运用，它的具体含义是个人对自我是否可以实现创新创业目标的判断，反映了个人对自我创新创业能力的肯定程度。可以通过设计问卷，测量个人创新创业意愿，反映个人对自我创新创业能力的肯定程度，反映大学生的创新创业积极性和创新创业能力，从而看出创新创业教育教学的成效。另外，还可以对参加过创新创业教育有关课程学生的测量结果进行性别、年龄等基本变量的差异分析，探究不同年级、年龄、家庭环境和背景、专业、性别等大学生在创新创业教育课程中的学习状况，根据这些数据分析，针对不同学生制定不同形式的创新创业教育，提高创新创业教学质量。

（三）教育环境保障

尽管教育环境对教育的影响是潜在的、间接的，但它对教学效果产生的影响是不可小觑的，是高校创新创业教育协同机制保障体系中必不可少的一部分。20 世纪 30 年代，日本研究人员在《教育环境学》一书中详细描述了自然环境、社会环境，以及精神环境对教育的影响。创新创业教育环境是指营造良好的高校创新创业氛围和支持创新创业教育发展的制度环境，是全校师生身处校园中可以感受到的有关创新创业的意识形态、价值规范。教育环境包含高校基础设施，如教学楼、图书馆、食堂、宿舍楼等；高校环境构造，如绿化设计、建筑风格、校园规划等；高校规章制度，如管理制度、发展规划等；精神文化，如校史、校训、学习风气等。高校创新创业教育制度环境保障体系是指创造一个有利于开展创新创业教育环境的保障体系。

1. 高校创新创业教育环境的作用分析

简单地说，营造良好的高校创新创业教育环境的作用是推动高校创新创业教育顺利开展，保证全校师生在校园中感受到有利于其创新创业能力提升的教育意识形态，提高创新创业教育管理效率和教学质量，提升大学生参加创新创业教育的学习成效。笔者认为教育环境的三个作用对高校创新创业教育环境中的全校师生产生着巨大影响。

① 王元福．大学生就业创业教育 [M]. 北京：北京理工大学出版社，2020.

（1）教育环境的价值引导作用

一方面，不同于其他年龄阶段的群体，大学生更倾向于关注具有新时代特点的新颖观念和事物；另一方面，大学生正处于青春期，意识形态还未定型，很容易受到周围制度环境的影响。针对有此特点的大学生群体，高校应充分发挥教育环境的价值引导作用，在大学生身处的教育环境中宣传创新创业的价值观念和意识形态，将有利于培养其创新创业意识和精神，有助于提升其对创新创业的积极性，从而间接影响创新创业教育教学的成效。教师应重视自身的发展，并认真遵守高校管理制度和贯彻高校有关政策，营造一个支持创新创业教育的制度环境，这将对开展创新创业教育教学活动产生积极影响。另外，将创新创业有关要素融入高校学习氛围，也可以增强教师创新创业教学工作的责任感，为教师开展创新创业教学活动形成价值引导。

（2）教育环境的目标引导作用

教育环境一般是通过高校宣传、高校活动、规章制度、校风校训等方面产生影响，这些都由高校主动组织，体现了高校的教学和培养目标，所以教育环境具有明确的目标引导性，能够对全校师生起着引导功能，教师和学生更加偏向将高校发展目标和学生教育目标紧密结合，因此教育环境中高校的目标引导作用会使个人的意识形态发生变化。一旦把创新创业教育的思想观念等利用校园的目标引导功能融入高校教育环境，将会逐步使全校师生转变目标直到与高校目标一致，进一步提高创新创业教育中教师教学和学生学习的热情。

（3）教育环境的资源集合作用

教育环境不仅具有价值引导和目标引导的作用，还可以汇聚潜在的校园共识，提升教师对创新创业教育教学与学生创新创业教育学习的成就感和认可感，在高校中形成一股强大的凝聚力，指引身处教育环境中的领导者、管理者、教师和学生全部投身创新创业教育，为创新创业教育的顺利开展集合重要的物质和人力资源，保证创新创业教育各个环节稳定开展。

2. 高校创新创业教育的生态学分析

高校创新创业教育环境不仅包括物质方面也包括精神方面，并且它能影响教师和学生，还能影响到创新创业教育的教学内容、教学形式、教学方法、教学过程和教育观念等，涉及范围广泛，相互之间关系复杂。为了防止以单视角和孤立地看待和探究高校创新创业教育环境保障体系，笔者借鉴环境生态学的有关概念把高校创新创业教育环境看作是内外要素相互影响的生态系统，关注此系统中的物质和精神各方面，用生态学的角度来分析高校创新创业教育环境。

马克思主义的生态观中谈到，人类和其他动物是相同的，会受周围的生态环境的影响和约束，却又可以利用劳动改造生态环境和大自然，所以马克思主义认为人类和其生态环境之间的关系是相互影响和相互作用的。生态学专家学者也赞同他的看法，学者们认为生态学是探究人类和除人类以外的动物和植物在所处的生态环境中的相互影响和作用的关系和影响因素。20 世纪 30 年代，“生态系统”这一理念首次问世。系统全面地探索生态环境，是人类认知生态环境的一大进步，从此之后，生态系统被广泛地运用在各个领域，其中也包含教育方面。因为生态学思想的启发，1976 年，美国哥伦比亚大学的教授克雷明（Cremin）首次阐述了自己的教育生态学观点。1978 年，他在《教育生态学中的变革：学校和其他教育者》中进一步明确了他关于教育生态学的见解。研究教育生态系统的目的是努力让教育活动主体与周围环境的内外部之间共同和稳步发展，它的关键在于让教育各个部分相互联系，把教育当作一种健全、复杂、统一的生态系统，认为教育系统中的各个部分都与其他部分相互影响和作用。

生态学认为，无论身处在哪种生态环境中，个人都会受到与他有关的生态要素的影响，个人和生态要素之间不是静止、孤立的，而是运动、联系的关系，具有总体相关性。教育生态系统的说法是把生态学的概念运用在教育中而产生的，在此环境中全体教师和学生是教育生态系统的主体，其教育生态环境的生态要素会对全体师生产生影响，教师、学生和教育环境形成了一个互相影响、互相作用的系统。一个好的教育环境会对个人产生积极的影响，同样一个坏的教育环境会对个人产生消极的影响，个人的认知和活动也可以影响到教育环境中的其他要素，从而影响到整个教育环境。

高校创新创业教育生态系统由创新创业教育主体和创新创业教育生态环境两大部分组成。创新创业教育主体是创新创业生态系统中的实施者和接受者。实施者是指高校开展创新创业教育中的负责部门、教学机构、研究部门和师资队伍，实施者的行为活动在创新创业教育生态环境中的具体载体为创新创业教育课程、活动、教学计划等；接受者是指参加创新创业教育培训的学生，他们从实施者提供的所有教学服务中选择自己所需要的不同形式的教育服务。创新创业生态环境不仅包含物质方面的环境，如校园环境、基础设施、建筑风格、教学设施等，还包含精神方面的环境，如高校文化、学术氛围、校训校风等。高校创新创业主体之间关系密切，创新创业教育中的实施者和接受者通过教学活动、教育管理制度等结合在一起，这种联系不仅包含实施者对接受者提供教育服务，还包含接受者对实施者的效果反馈。创新创业教育生态环境是通过和主体密切相关的敏感因子来影响主体，该影响会导致实施者提供的教育服务的质量和数量发生相应的变化，也会造成接受者对实施者所提供服务的效果评价的变化，创新创业教育主体可以利用实践的办法逐步健全其创新创业生态环境。

3. 高校创新创业教育环境保障体系的构建

良好的创新创业教育环境会对教师和学生的意识形态产生积极的影响，相反，不好的创新创业教育环境会对教师和学生的思想产生消极的影响，并且只要教师和学生身处在此环境中，该影响会不断发生作用，所以高校创新创业教育环境对创新创业教学的成效有着至关重要的作用。依据创新创业教育的特征，全方面理解创新创业教育环境的生态学概念，笔者认为构建创新创业教育环境保障体系必须保障其体系的协调性。高校创新创业教育涉及很多方面和要素，是一个复杂且综合的系统。创新创业教育环境与其环境中的实施者和接受者之间存在相互影响和相互作用的关系，要保证高校创新创业教育的顺利开展，就需要保证整个教育环境的协调和稳定发展。构建高校创新创业教育环境保障体系，一旦过分强调物质方面环境的建设而忽视精神方面环境的建设，有可能会造成推动高校创新创业教育实施的内生动力不足；一旦过分强调精神方面环境的建设而忽略物质方面的建设，有可能会造成高校创新创业教育实施缺乏载体。因此，要协调好物质方面和精神方面的环境建设，注重合理配置资源，保证双方共同进步。根据协调性的要求，笔者提出以相关政策为方向、以环境监测为方法、以资源配置为重点、以教学研究为基础，构建双向发展的创新创业教育环境保障体系，分别从物质方面和精神方面共同推动高校创新创业教育环境保障体系的建立。构建创新创业物质环境是为了保证创新创业教育的顺利实施，构建创新创业精神环境可以提升创新创业教育的成效。构建高校创新创业教育环境保障体系的具体措施如下。

（1）制定创新创业教育激励政策，提出卓有成效的激励策略

对创新创业教育体系中的管理人员、教师等出台相应的鼓励政策，如从职称评定、职位晋升、绩效奖金等方面提高其积极性；对创新创业教育体系中的学生通过记录学分、奖学金、荣誉奖励等方式调动其学习的热情。高校应通过鼓励创新创业教育生态系统中的实施者和接受者，加大和增强对创新创业教育服务的供给数量与质量，坚持供需平衡的原则。

（2）加大对创新创业教育环境监管和检测力度，实时了解教育环境现状

创新创业教育并不是一项短期工作，而是一项贯穿整个培养过程的任务。针对此项工作，高校必须构建物质方面和精神方面环境的监管和检测制度，组建一支专业的教育环境监测团队，利用实地访问、问卷调查、个别访谈等方式，多方

面地了解物质和精神环境的现状，实时告知创新创业教育管理部门和研究部门，并针对不同的情况提出相应的解决办法，保证该教育环境能长期有效地促进教学活动的实施。创新创业教育环境的监管和监测工作不仅要包括物质方面环境，还要包括精神方面环境。物质方面环境的测评主要通过实地访问和调查的办法，精神方面环境的测评主要通过分析问卷调查数据和个别访谈的办法。

（3）合理配置创新创业教育资源，合理设计环境建设投入

创新创业教育资源的分配要遵循合理、科学的原则，防止不科学、整体协调性不足的资源配置形式，做好统筹规划，对创新创业物质方面和精神方面环境建设的投入做出合理的考评和估计，避免出现资源分配中的资源浪费和资源不足的现象，重视创新创业教育环境的稳定协调发展。对于具体的创新创业教育资源分配需要专门的管理机制，要构建配置资源的事先计划、事中调整、事后评价这三个方面的保障体系。事先计划主要是提前估算资源投入和具体配置情况，事中调整主要是指依据对物质和精神方面的资源投入的实际情况做出适当调整，事后评价主要是利用相关数学统计方法剖析和评价创新创业教育物质和精神方面的投入资源和产出效果。

（4）加强创新创业教育科研工作，事先预估教育环境风险

不同于其他的教育，创新创业教育是现代才兴起的一种教育类型，目前国内对创新创业教育的探究还不足够。强化对创新创业教育的研究，更加深入认识创新创业教育环境中影响创新创业教育中的实施者和接受者的因素，剖析出这些因素分别对创新创业教育实施者和接受者产生何种作用，从而可以事先了解到创新创业教育环境中会对教学成果产生不利影响的因素，然后提出具体的风险防范措施和解决对策，为营造良好的教育环境建立一个专业的智囊库。加强创新创业教育科研工作主要利用课题招标与成效考评两种办法。课题招标，即根据本校创新创业教育开展实际情况和发展方向等策划科研课题，然后向所有有关创新创业的教师公开招标，积极为教师提供创新创业方面的科研资源；成效考评，即公平科学地考评从事创新创业教育的管理工作人员和教学教师在构建良好的创新创业教育环境中所做的贡献和科研成绩，鼓励管理人员和教师注重构建创新创业教育体系。不管是公开招标还是成效考评，都一定要协调物质和精神两个方面。

4．高校创新创业教育环境保障体系的其他要素

为了保证创新创业教育成功实施和顺利开展，需要构建一个能促进社会发展和学生自身进步的科学、合理的保障体系。保障体系的构建不仅能推动创新创业科研的发展，还可以为创新创业教育指明发展的方向和改进的方法，保证其可持

续性发展，并充分运用到社会上，将其付诸实践，促进社会的发展。笔者分别从政府、社会、企业和家庭这四个角度，以高校创新创业教育的特征为基础，来阐述他们应该如何帮助构建良好的教育环境，完善创新创业教育环境保障体系。

（1）政府的政策支撑

政府负责制定相关政策，在高校创新创业教育保障体系中，政府的关键任务是进行引导、支持和激励。高校创新创业教育活动，以及与学生有关的各类创新创业实践活动都离不开政府相关部门的支持。

第一，得到了政策和法律的支持。在制定相关政策和法规时，政府相关部门需要从多个角度深入了解高校创新创业教育情况，绝对不能只基于促进学生就业的角度来看待这种教育，相关政策出台的根本目的应当是充分满足市场经济的各项需求，并在此基础上为大学生创造一个可以更好地帮助他们进行创新创业的环境。值得注意的是，若是没有政府的相关政策法规作为支撑，创新创业教育将无法得到真正落实。更简单地说，要想有效开展创新创业教育工作，其首要任务就是积极推进相关法律法规和政策的制定，以便为创新创业教育的有效落实进行提供坚实的法律支撑。另外，为了进一步提升与大学生创新创业相关的各项审批工作效率，需要对原本的审批工作流程进行一定程度上的合理精简，除此之外，还需要面向相关学生推出减免税收的各项优惠政策，并安排有关机构负责创新创业培训指导、政策咨询、后续指导等服务工作。高校创新创业教育的成功开展离不开政府在政策法规上的大力支持，因此健全创新创业政策法规支持体系必须充分利用政府宏观调控的作用，为创新创业教育提供适宜其发展的政策环境。具体来说，首先，要制定有关创新创业教育的政策，政策应具有针对性、具体性和实践性。其次，我们需要对已经发布的与创新创业教育相关的政策进行梳理，并将其分类，然后在一个统一的平台上公开发布，以确保这些政策的完整性和连贯性不被破坏。考虑到如今各大高校的创新创业情况，政府需要基于已经发布的各项政策，进行创新创业教育的政策法规及具体实施内容的修订和更新，如健全创新创业教育开展的目标和具体措施等，推动创新创业的发展。最后，构建创新创业教育政策的监督体系。一方面，通过多媒体等媒介向人们宣传创新创业教育政策。充分发挥网络、电视、广播、报纸等媒体来公布和推广最新的创新创业教育政策，扩大宣传范围。另外，还可以聘请专家学者为大家具体讲解和深入剖析创新创业教育有关政策的内涵，使相关受益者可以迅速、精准、全方位地掌握政策内容。另一方面，高校、政府、企业之间要构建协调运行体系，明确政策的领导机构。领导机构主要负责各机构之间的联系工作和协调他们之间的关系，实时监督创新创业教育政策的开展现状并按时反馈信息，有利于不断健全创新创业教育政策。

第二，经费支持。剖析限制大学生创新创业的因素，可以看出启动经费和后续经费的不足是限制创新创业教育活动顺利发展的最重要的原因。经费是实施创新创业教育实践的关键因素，因此政府要加强创新创业教育的经费投入，创建更多的创业基金，以此来帮助大学生创新创业。政府给予大学生大量的贷款，并进一步加大对大学生创新创业小额贷款的支持，也极大地扩大了贷款的受益者范围，促使大学生积极进行创新创业，确保他们在资金方面不会受到困扰。另外，还要加强对高新技术产业的支持力度，要对其给予特殊的和优先的扶持。

第三，免费培训指导。政府要加强对大学生创新创业能力的培训，组织相关机构责任培训工作，提供学习场所、能力培训、政策及技术咨询等免费服务。邀请国内外成功企业家、高校经验丰富的教授等担任大学生创新创业指导教师，利用教学、咨询、答疑、案例分析等方法向他们传授相关的创新创业知识和技能，旨在丰富他们的创新创业理论知识和提高创新创业实践能力。

第四，建立创业教育中介组织。政府应大力支持多种模式的非营利机构，加强对大学生灌输创新创业教育的理论知识和进行实践引导，营造良好的创业环境，鼓励大学生创新创业。例如，由政府牵头，相关参与者构建一个有一定权威性的创新创业研究场所，并积极开展与创新创业教育有关的各项研究工作，在获得各种研究结果的基础上，构建出与我国所开展的创新创业教育相匹配的基础理论机制，并将创新创业的各种教学活动推广至我国的各大高校当中。动员社会力量构建独立的创新创业民办教育机构，或者高校合作实施创新创业教育。大力支持大学生教育中介组织，建设大学生创新创业实践场所和基地，使其成为大学生在创新创业过程中和寻找有关企业支持、经费赞助和政策法规咨询的沟通纽带。在建立联系的过程中，我们还要深入研究大学生创业的资金需求情况，协助他们向政府提交小额贷款申请，确保大学生所需求的创业贷款能够确实满足其需求，并在一定程度上有效减少政府的资金负担。除此之外，还需要努力为高校在创新创业教育领域提供支援，共同处理教育上出现的问题，同时确保教育行为的妥善落实，并且还需要对学生创新创业的具体情况进行公正、准确的评估。

总体而言，能否构建新时代的国家创新机制非常关键，关系到高校创新创业教育能否成功开展。国家创新机制注重创新要素之间的互相影响和互相作用，更加注重创新机制内新理论的有效转移。构建我国国家创新机制，强化校企合作关系，注重创业实践培养，充分利用高校的主体地位，更有利于帮助高校培养出理论知识丰富和具有实践能力的学生。作为开展创新创业教育的主导者，高校应该深入贯彻政府出台的相关政策法规，依据实际状况提出适合本校发展的措施，保障政策扎根，发挥其保证创新创业教育水平的作用。高校应该从以下两点入手。第一，联系政府出台的相关政策法规，制定详细的执行内容。例如，健全创新创业教育和专业知识教育密切联系的政策内容，保证将创新创业教育观念混合进专业知识教学中，培养大学生的创造性思维能力；实行鼓励政策，将大学生主动参与相关创新创业活动换算成具体学分，努力提高大学生创新创业的积极性；制定确保创新创业教育成功实施的经费支持政策，在高校设定创新创业专项奖金，奖励成果突出的教师和学生，并且扶持他们实施创新创业教育理论科研和具体实践。第二，高校要随时反馈开展创新创业教育过程中面临的难点，并将其告知政府机构，有利于帮助他们不断修改和健全创新创业政策法规，营造良好的创新创业教育环境，帮助大学生更好地创业。

（2）社会的舆论支持

只有营造一个积极向上的社会氛围，创新创业教育的成功推进才能得到保证。我国丰富而历史深厚的优秀传统文化在培养创新创业的人才方面具有不可或缺的作用。当我们继承并推广各项优秀传统文化时，应该汲取其优点，去除其缺点，从而构建一个鼓励人们进行创新创业的、积极向上的社会环境。另外，运用一定的舆论手段指引全体社会树立人才评估指标，强调创新创业社会风气的重要性。利用政策法规的出台鼓励大学生的创新创业积极性和保护创新成果，出台创新创业鼓励政策和人才培育政策等，全方面促进良好的创新创业风气的形成。当前，只有高校和教育部门比较了解创新创业教育，社会人士对创新创业教育的了解还不够，此类教育尚未在全社会引起强烈反应，影响范围还很狭窄，只有高校的努力，明显独木难支。另外，目前创新创业教育的发展呈现出不平衡的趋势，某些地区发展较好，而某些地区还没有推行创新创业教育。因此，要向全社会推广创新创业教育，就必须要构建一个以政府为核心，以高校为主体，社会各界宣传和推广的创新创业教育新局面。可以利用网络、电视、报纸等宣传媒介，充分调动大家的创新创业积极性，促使创新创业得到社会普遍的支持，确保创新创业教育被社会、高校、家庭等正确认识，并将之作为自己的责任，同时为创新创业教育营造一个良好的发展氛围，进一步推动其得到落实。在社会方面，充分利用好全体社会的关键力量，收集优秀的社会资源，营造一个利于创新创业教育发展的社会环境。此项工作的顺利开展离不开中介组织和企业的共同参与，在政府贯彻执行相关政策时，中介组织和企业能够帮助其完成具体事务，如政策指导、咨询等工作。

（3）企业的合作支持

创新创业教育不单单指高校提供就业服务，其目标不仅在于提高大学生自主创业的积极性，提高他们创新创业的能力，还在于发挥企业在创新创业教育过程中举足轻重的作用。高校创新创业教育包含理论知识培训和创业实践指导。其中，创业实践指导离不开企业的支持。企业可以为大学生创新创业教育的实施提供方法指导、实践基地、经费资助、项目支持等。如今，大部分高等学校在创新创业教育的过程中联合了企业的实践帮助，但很多只是经费支持，更多利用的是企业的宣传作用，而缺乏对大学生的真正实践指导和项目支持。假设企业不仅提供经费支持，还提供实践场地并对大学生进行项目指导，全面支持创新创业教育，这样会促进创新创业教育的开展，也有利于企业自身的长久发展，实现互利互赢。因此，高校应该和企业保持长久稳固的合作联系，企业可以安排一些经验丰富的职员担任高校的兼职教师，为开展创新创业教育提供更多的机会，大学生可以在企业里实际操作一些创新项目，学习创新创业实践经验。除此之外，企业应当充分利用自身的宣传功能，发挥广泛的社会影响，以进一步扭转社会和家庭对于大学生创业创新的消极认识，帮助大家重新认识创新创业教育，肯定其带来的积极作用，进而为创新创业教育的实施营造良好的氛围。

（4）家庭的支持

在我国，家庭对大学生成长起着重要的作用，深刻影响着他们的世界观、价值观和人生观，是大学生的经济和精神支柱。学生的创新创业活动不仅需要具备理论知识、创新思维、实践能力等，还离不开家庭的积极支持。大学生的就业观、创新创业素质、个人性格会受家庭背景的影响。父母对创新创业的态度会深刻影响到孩子的就业态度。假如父母看好创新创业，并给予其鼓励，学生的创新创业积极性就会很高，相反学生的信心会不足甚至放弃创业想法，如果遇到困难会轻易退缩。因此，高校要努力做好家庭沟通工作，让家庭积极配合高校的创新创业教育活动，充分利用家庭教育的功能。当前，父母不赞成孩子创新创业的原因主要有：第一，受传统观念影响，仍然希望孩子找个踏实稳定的工作，认为出来创业的孩子会被别人误认为是成绩不好；第二，受资金限制，创新创业需要很多资金投入，对于普通家庭来说，压力较大。考虑到这些原因，高校要组织有关部门安排具体教师与学生家长进行沟通，向他们解释政府相关创新创业政策，并宣传创新创业的好处，使家长改变其传统保守思想和传统的就业观等，意识到大学生既是应聘者又是就业岗位的创造者，慢慢认可并积极配合高校的创新创业教育，尽力创造一个与时俱进的家庭氛围，帮助高校共同培养出大学生不怕困难、勇于进取的性格特征，全力支持孩子做自己想做的事情，让他们自由选择未来的发展方向。此外，政府和高校要多和学生家长交流联系，开展家长培训会，向他们传授新型的教育方式，使高校创新创业教育和家庭教育紧密结合。另外，也要积极引导想要进行创业的学生或学生家长进行小额贷款的申请，进而在较大程度上被学生家长认可，从而更好地落实创新创业教育工作。

总的来说，为了有效促进面向高校大学生的创新创业教育工作的落实，就需要由政府引导，高校、社会、企业、家庭共同参与其中，从而构建一个适应时代发展需求的创新创业教育保障体系，利用网络、电视、报纸等媒介广为宣传，社会各方力量共同努力，促进创新创业教育新的发展，把我国创新创业教育提高到一个新的水平，进一步健全和完善社会主义市场经济。

第四节 “数字时代”背景下的创新创业教育

近几年，大学生的数量明显呈上升态势，这与社会对人才的有限需求产生了冲突，使许多大学生在毕业后面临着难以寻找到合适职位的困难。在高校毕业生就业指导体系中，特设了创业教育课程，旨在教授学生与创业相关的各种技能，从而让学生在毕业后有能力进行自主就业，这无疑是解决社会人才需求与供应不平衡问题的最佳选择。近几年，互联网经历了飞速发展，包括网上购物、快递订餐和共享单车在内的多个服务行业不断发展壮大。电子商务创业平台，如淘宝等，因其门槛较低、易于推广和覆盖范围较为广阔，赢得了众多创业者的喜爱。目前，网络经济飞速增长，由于网络创业对社会经验和资金的需求相对较少，其已逐步转变为大学生在求职过程中的一个主要选择，并已被广大大学生视为首选的创业方式。如果高校想要在创业教育方面取得显著成效，那么就应当紧随社会发展的步伐，把互联网创业融入教学活动中，并充分利用“数字时代”所具备的优势，以实现高校创新创业教育的发展，从而使学生能够拥有更加明确的发展路径和更多样化的就业机会。

“数字时代”实际上就是两化（信息化和工业化）融合的进阶版本，它将互联网视为现阶段信息化进程的关键，并将之与工业、商业、金融等多个服务行业深度整合。创新是核心要素，要想使数字化变得更有价值和意义，就需要进行创新。正是基于这个原因，“数字时代”才会被视为在创新 2.0 背景下互联网的新发展模式和业态。另外，它也是在知识社会创新 2.0 背景下的经济社会发展新趋势。简单来说，“数字时代”代表了互联网与传统行业的结合，但需要注意的是，这并不仅仅是两者的简单叠加，它借助信息通信技术和互联网平台，实现了互联网与传统行业的深度整合，从而构建了一个全新的发展生态系统。

如今，我们正处于“数字时代”，在“数字时代”创新创业的时代大潮中，如何对高校学生进行创新创业培养、如何让学生获得更多的实践能力，已成为高校教育改革发展的重心，各高校更应该关注“数字时代”对高校创新创业教育所产生的影响。只有这样，才能更好地改革高校的创新创业教育，才能培养出优秀的人才。

一、“数字时代”对创新创业教育的影响

（一）使高校对创新创业教育更重视

2022年，我国各种形式的高等教育在学总规模已经达到了4655万人，比2021年增加225万人①，各高校就业创业任务将会更加艰巨。教育部明确指出“高校毕业生就业创业工作是教育领域重要的民生工程……明确要求强化就业创业服务体系建设，提升大学生就业创业比例”②。大学生自身接受新事物快，利用互联网进行创业具有绝对优势。加之“数字时代”背景下的创新创业诸多案例如雨后春笋般不断出现，更应引起高校的重视。

在互联网与创新创业教育整合之后，我国的创新创业教育正处于初始阶段。但在诸多高校当中，仅有少数高校真正着重开展创新创业教学，大部分高校的教学焦点集中于如何培育技术性和学术性人才的问题上，而对创业的重视不足。目前，部分高校受国家政策影响，已经开始转变其教育办学理念，更加注重创新创业教育，认为创新创业教育不应停留在表面，而应从教学计划、教学方案、人才培养、教学评估等方面进行改革，从而为学生的创业提供很好的知识技能基础。

（二）打破了对创新创业教育的认识误区

我国创新创业教育起步较晚，很多大学生对“数字时代”下的创新创业认知

① 中华人民共和国教育部.2022年全国教育事业发展统计公报[EB/OL].(2023—07—05)[2023—12—10].http：//www.moe.gov.cn/jyb_sjzl/sjzl_fztjgb/202307/t20230705_1067278.html.

② 中华人民共和国教育部.教育部关于做好2015年全国普通高等学校毕业生就业创业工作的通知[EB/OL].(2014—12—10)[2023—12—10].http://www.gov.cn/xinwen/2014—12/10/content_2789226.htm.

不足，存在认识上的误区，他们错误地认为“数字时代”下的创新创业就是开淘宝店、做微商等；而高校也只是培养学生利用和使用互联网来营销、运营的能力。随着创新创业已成为国家热议话题，创新创业越来越引起大家的重视和关注，因此，“数字时代”下的创新创业教育要让高校和学生重新认识互联网创新创业究竟是干什么的。高校应把创新创业教育作为一种生存技能进行培养和训练，让学生将专业知识与互联网运用能力融合起来，同时着重培养学生的创新意识和创业能力。

（三）使创新创业教育与“数字时代”更加融合

在创新创业教育过程中，创新创业精神、专业技能理论与实践经验缺一不可。目前，“数字时代”对国家经济及教育的影响巨大。首先，部分高校已开始打造电商校园创业大赛，使学生可以置身创业的实战场景，从而增强创新意识，激发创业动力，为创业成功奠定基础；其次，部分高校还成立了电商创业协会，将创新创业教育与学生社团活动结合；最后，有的高校还实行校企联合办学，共同促进“数字时代”下的创新创业教育发展。

（四）对教师师资队伍提出了更高要求

“数字时代”不仅对当代大学生创新创业教育的要求会越来越高，对教师队伍的要求也会相应提高。教师不仅要跟上时代潮流，多接受新鲜事物，还应提高自身的素养。这就要求教师要和学生一起学习新知识，共同推动“数字时代”形势下的创新创业教育发展。

二、“数字时代”背景下创新创业教育的价值特征

如今，“数字时代”带来的便利无形中已经逐渐渗透到我们的生活中，它不仅影响和改变了我们的生活与生产方式，还产生了大量新的市场需求。这些因素既给我们的创新创业活动注入了强大的活力，也催生了新一波的创业热潮，这也使创新创业教育的改革拥有了更为广阔的机会和空间。在“数字时代”的背景下，创新创业教育的核心价值主要表现为，其价值目标应当与“创新、协调、绿色、开放、共享”的理念相一致，并确保大学生在掌握课堂知识的同时，能够全方位地、自由地成长，从而成为有着较强的创新思维和竞争力的人。

（一）提高专业能力是“数字时代”创新创业教育的基础

对于劳动者来说，专业能力是其胜任某职业或岗位的关键，是每个人生存所

需的核心能力。为适应“数字时代”的各项要求，创新创业教育需要比以往更重视学生在智能软硬件、互联网应用和大数据处理等方面的发展，以便借此进一步丰富学生的专业知识储备，从而使他们能够更为契合未来职业发展和社会的各项需求。此外，这也有助于强化学生对于专业挑战的应对策略，从而进一步减轻自身所承受的部分社会压力，确保学生充分挖掘自己或团队的能力，并有效强化他们利用个人或团队智慧成功解决各种难题的能力。换句话说，我们需要确保学生在创新创业教育过程中真正地强化他们的专业技能，并在专业实践、创新创业等活动中对其加以熟练运用，从而在实际操作中进行更为丰富的锻炼。

（二）具有工匠精神是“数字时代”创新创业教育的核心

为了更好地适应我国在经济新常态下的社会经济发展和产业的转型升级所产生的新的人才观念，“工匠精神”这一概念得到了充分强调。简单来说，所谓的“工匠精神”就是要求工人在生产产品的过程中，对产品进行细致的打磨，并始终秉持着追求卓越的理念，展现出完美的工作状态。一直以来，工匠的核心理念就是制造出本行业中最上乘、其他同业难以匹敌的产品。在“数字时代”的当下，不管是德国版本的“工业 4.0”还是中国版本的“中国制造 2025”，它们都在向智能化制造、服务型制造、个性化定制等方向发展，这一发展趋势在很大程度上揭示了这个时代的独特表现，并充分激发了社会中所潜藏的创新创业热情，进一步推动了传统生产方式向互联网生产方式的转变。“工匠精神”极大地反映了新的生产观念、创新创业的发展思维、社会的普遍认同及社会的心理表达。

在“数字时代”，创新创业教育应当始终强调让学生积极参与创新和创造活动，培养他们认真负责的态度，以及对各项职业的敬畏之心。只有将细致入微、追求卓越的“工匠精神”融入每一个教学环节中，我们才能制作出真正触动人心的产品，使“工匠精神”被所有学生认可。

（三）增强协同发展的意识是“数字时代”创新创业教育的关键

对于未来的经济发展来说，“数字时代”及这一时代背景下产生的产业转型，都将会使其获得新的增长动力，并可能在很大程度上有效促进就业、创业和创新模式的改变。这主要是因为，“数字时代”以其独特的大众创新、开放创新和协同创新等特性，极大地推动了经济发展模式向开放、共享和创新等方向快速发展，并催生了各种新的业态、模式和技能。另外，随着“数字时代”的到来，我国教育改革和发展的方向将不可避免地展现出这样的价值观，即“数字时代”将推动人才培养的发展，利用信息技术的“工具”将有效连接教育与社会。同时，开放与协同合作也逐步成为教育发展的显著表现特点。这也表明，在“数字时代”，创新创业将会发展成为适应新时代发展需求的开放式创新创业模式，因此进一步强化协同发展的意识变得尤为重要。所以说，在新时代背景下，各大高校都需要重点关注科技创新、社会进步及产业升级，并加以适应。与此同时，也需要更加强调开放性和协作性，同时也应更多地关注对学生能力的培养，以便能将各种类型的人群、机构和资源与自己的创新创业活动进行有机结合，最终实现协同发展。

（四）促进全面发展是“数字时代”创新创业教育的目标

现阶段对于不同的高校来说，它们都有一个共同的任务，就是积极培育有创新精神的创业者。尽管学术和实践领域对于创新创业教育的最终目标存在分歧，但值得肯定的是，培育有着社会责任感、创业激情和实践能力的人才仍然是创新创业教育的核心目标。在“数字时代”，创新创业教育所产生的变革，不只是教育观念的更新、教育模式的重塑及教育内容的革新，更为关键的是，它极为强调学生需要提升自己的综合能力和素质。另外，“数字时代”不仅为学生创造了更丰富的个人成长机会，还使他们拥有了一个实现自我价值的综合平台。所以说，在“数字时代”，创新创业教育的核心目标就是实现人的全面发展，而且这一目标不但能够契合学生自身对于个人发展的需求，而且在很大程度上直接反映了“数字时代”对人才的殷切期望。这一目标顺应时代发展的需求，并且突出表现了创新创业教育所蕴含的深刻价值。

三、“数字时代”背景下大学生创新创业教育新模式

（一）“立体式”的创新创业教育新模式

观察我国创新教育的实施状况，所谓“立体式”的创新创业教育新模式的核心主要集中在三个关键领域：首先是年级，其次是学生，最后是高校。要实施“立体式”的创新创业教育新模式，我们需要从几个关键领域开始：首先，我们需要从学生在不同成长阶段所展现出的专业特质和成长特性等方面进行深入探讨；其次，从各个层次的学生所表现的专业和成长特质出发进行针对性的教育，从而不断提升教育成效。在此过程中，我们需要根据不同年级的学生特性来设计各种有针对性教学效果的课程。通常情况下，处于同一年级的学生在特质表现上会存在

很多相似的地方，他们的思维模式等方面的表现也基本是一致的。所以说，在学生的初级学习阶段，教师需要引入一些较为基础的课程，如职业生涯规划和创业基础，并组织学生参加各种课外创业活动，借助相应的活动可以有效地提升低年级学生的自信。另外，对于中等年级的学生来说，则可以通过设置一些课程来引发学生的激情，使这些学生能够获得较为细致的创新创业指导。除此之外，还需要帮助他们深入了解公共关系、社交活动等方面的知识，进而强化其创新思维能力。在高年级阶段，引入如创业实习和就业指导等各类实习和观摩课程，以期充分激发学生对于创新创业实践的兴趣，并在教师的指导下强化他们对创业技能的掌握情况，这对于全方位提高他们的创新创业能力具有至关重要的作用。

然后，我们需要按照学生本身的独特表现来落实有针对性的教学。每个学生都有其独特的性格和特点，基于此，在“数字时代”中，开展创新创业教育就能够充分利用学生的这些特质来强化他们的创新意识，并促进其创业素养的提升，由此就能够极大地激发学生的兴趣和爱好，也能够在较大程度上增强其实践能力。

最后，根据高校特点来开设课程。我国当前的高校主要分为研究型、综合型、应用型。同时，有重点高校与普通高校、理科类型与文科类型的区分。因此，应根据高校的特点来开设课程，选择最合适的教育方法，采用不同的创新创业教育模式，培养各方面能力较强的优秀人才。

（二）“三位一体式”的创新创业教育新模式

在“数字时代”中，创新创业教育的新模式更加重视“三位一体式”，这一模式主要由三个核心部分构成：首先是理论基础，其次是模拟实践，最后是进行实践练习。借助这一创新模式，可以在一定程度上帮助学生熟练掌握各种基础知识，也可以在模拟实践当中，充分激发学生的创新创业热情，使学生能够拥有极为广阔的发展前景。

（三）“网络式”的创新创业教育新模式

在当前互联网高度发达的背景下，致力于创新创业的人开始对“网络式”的创新创业教育新模式有了更为深入的理解，由此也极大地减少了学生由于资金短缺而在创新创业当中遭遇的问题。现阶段，“网络式”的创新创业教育新模式主要涵盖了以下几种类型：一是网络购物；二是以“威客”为主题的类型，三是以网络写手为主题的类型；四是网络推手。以网络购物这一类型为研究对象，经过深入调查和研究，我们可以明显发现与网络购物这一类型相关的创新创业教育的新模式主要有几种表现：一是开设自己的网店；二是负责淘宝客服工作；三是网络模特；四是网上购物时的砍价专家；五是淘宝设计师；六是淘客。当学生根据个人的实际需求、兴趣和爱好来选择他们的创新创业项目时，他们可以勇敢地去尝试，而不需要担心高昂的成本。例如，对于那些掌握了 Photoshop、JavaScript 等专业知识，并且具有出色的想象力和创新思维的学生，他们有机会在淘宝上成为设计师，这不仅可以充分利用学生的专业技能，还可以极大地增强他们的社会实践能力。

（四）“在线课堂”的创新创业教育新模式

在“在线课堂”的创新创业教育新模式下，上万人可以同时进行学习，并以学生自身的兴趣为主要教学内容，不会受时间、地点和空间等的限制，只要有网络就可以学习。同时，学生还可以回顾以前没听过的内容，十分快捷。

伴随着互联网技术的普及，我国的传统产业领域将面临前所未有的改变，积极推进产业的数字化转型，并实现其网络化和智能化发展，是“中国制造 2025”的重点。现阶段，我国正处于深化经济结构转型和迈向创新型国家的时期，我国的众多高校必须坚定不移地贯彻落实党和政府对新时代大学生创新创业教育的指导方针，从而为中华民族的伟大复兴培养出更多高质量的人才。

第五章　我国高校创新创业教育的未来发展

我国高校创新创业教育的未来发展是一个关乎人才培养和社会发展的重要议题。未来我国高校创新创业教育将侧重于整合国际先进经验、加强与产业合作、强化实践教学环节、推动跨学科交叉等方面的发展方向。通过不断探索和实践，我国高校将为培养更具创新创业精神的人才提供更好的平台和机会，推动我国创新创业事业蓬勃发展，为社会的进步和发展做出更大的贡献。希望未来我国高校能够持续推动创新创业教育的发展，为培养更多具有创新创业素质的人才奠定坚实基础。本章为我国高校创新创业教育的未来发展，主要介绍了五个方面的内容，分别是我国高校创新创业教育的发展趋势、我国高校创新创业教育体系的发展方向、我国高校创新创业教育路径的发展方向、我国高校创新创业教育模式的发展方向、我国高校创新创业教育未来发展的相关建议。

第一节　我国高校创新创业教育的发展趋势

一、高校创新创业教育的制度环境趋于完善

2012 年，教育部正式公布了《普通本科学校创业教育教学基本要求（试行）》，强调各高校应当努力为所有学生提供“创业基础”这一必修课程，并为此制定了一个试行的“创业基础”教学大纲。随后发布的相关文件包括《国务院办公厅关于深化高等学校创新创业教育改革的实施意见》和《教育部关于中央部门所属高校深化教育教学改革的指导意见》等，明确要求高校推进创业教育工作，并把创业教育的开展情况作为考评高校的重要指标。随着国家在顶层设计方面的持续推进，我国高校创新创业教育的制度环境逐步完善，为创新创业教育深入发展迎来了新的空间。

二、高校创新创业教育向通识教育和建制化发展

伴随着资本、技术、人才和政策等各种资源的涌入，高校创新创业教育的规模和水平将会得到更大的提高，围绕创新创业的教育生态系统将逐步形成。作为面向所有高校学生的素质教育和能力教育，创新创业教育将按照通识教育的模式发展，成为高等教育的组成部分。现阶段，一些高校设立了专门的创业学院，在此基础上，也在积极探寻向着创业型大学转变，而这也有效促进了创新创业教育的建制化与生态化发展。

三、“数字时代”将进一步拓展高校创新创业教育的渠道

我国相关部门已经明确指出，需要加强信息技术和教育教学之间的深度整合，在此背景下，“互联网 + 教育”已经崭露头角，甚至逐渐发展成为互联网对传统行业进行改革的热门领域。在此基础上，创新创业教育计划将会与互联网技术进行更为广泛和深入的融合，通过应用这些新技术，就能够极大地增强高校在创新创业教育方面所发挥的作用。

四、高校创新创业教育将趋于开放化和国际化

创新创业教育的课程本身就是一个开放性的课程体系，将不断纳入来自理论研究和创业实践的最新要素，并随着经济社会环境的变化而不断更新。随着全球化趋势的逐步深化，我国高校已经与国外高校和创业教育机构开展了系列合作，引入国际创业教育教程、吸引国际优质教育资源、创办国际化的创业教育体系，将成为我国高校创新创业教育的发展趋势。以创新创业教育为突破口，将进一步带动我国高校的国际化进程。

第二节　我国高校创新创业教育体系的发展方向

一、创新创业教育体系更加趋向整体设计

在当今社会，创新创业已成为推动经济发展和社会进步的关键引擎。作为培养未来人才的重要平台，高校承担着培养创新创业人才的重要使命。随着时代的发展，创新创业教育体系正逐渐向整体设计方向发展，这意味着不仅仅是单一的

课程设置或活动安排，更是一个系统性、全面性的教育体系，涵盖教学内容、教学方法、评估机制等各个方面，以培养学生的创新创业能力和精神。

首先，整体设计的创新创业教育体系将更加注重教学内容的全面覆盖和深度拓展。传统的创新创业教育往往局限于某些特定的课程或项目，整体设计的教育体系则会将创新创业教育融入整个教育过程中，贯穿于学生的学习生涯。这意味着不仅仅是开设一两门创新创业课程，更是将创新创业元素融入各个学科和课程中，培养学生的创新思维和创业意识。同时，整体设计的教育体系还会提供多样化的学习资源和机会，包括实践项目、创业实训、行业导师指导等，以全面培养学生的创新创业能力。

其次，整体设计的创新创业教育体系将更加注重教学方法的创新和多样化。教学方法是教育的灵魂，对于创新创业教育同样如此。整体设计的教育体系将会探索多种教学方法，包括案例教学、项目驱动、团队合作、实践探究等，以激发学生的学习兴趣和创新潜能。同时，整体设计的教育体系还会倡导跨学科融合和跨界合作，消除学科间的隔阂，推动各类型学科实现互动合作，进而有效强化学生的能力和创新思维。

再次，整体设计的创新创业教育体系将更加注重评估机制的建立和优化。评估是教育质量保障的关键环节，也是激励学生学习的重要手段。整体设计的教育体系将建立科学合理的评估机制，不仅仅注重学生的学习成绩，更关注学生的创新创业能力和素质发展。评估机制应该包括多维度、多层次的评价内容，既要考量学生的知识水平，也要考量其创新创业能力、团队合作能力、实践能力等方面，以全面评价学生的综合素质和能力。

最后，整体设计的创新创业教育体系还将注重与社会需求和产业发展的对接。创新创业教育的最终目的在于培养适应社会需求的创新人才，为社会经济的发展提供人才支持。整体设计的教育体系将与社会产业密切对接，深入了解产业需求，调整教育教学内容和方式，培养更加符合市场需求的创新人才。同时，整体设计的教育体系还将加强与企业和科研机构的合作，促进产学研结合，使学生有机会进行更多的创新创业实践，由此就能够培育出更多有着较高实际操作技能水平的创新型人才。

二、创新创业教育体系更加符合时代的发展

大学生创新创业教育体系必须符合时代发展的需要。

创新创业教育是时代发展对人才培养提出的要求，是国家建设和社会发展的

战略需要。全球的产业革命和科技革命为当代大学生带来了新的挑战和机遇，国内移动互联网的发展和经济社会建设的持续发展，使大力发展创新创业教育成为时代的潮流。各国已启动各种模式来推动创新创业教育的发展。在我国，为适应当代社会发展的要求，党的二十大提出了“培育创新文化，弘扬科学家精神，涵养优良学风，营造创新氛围”“加快实施创新驱动发展战略”和“完善促进创业带动就业的保障制度，支持和规范发展新就业形态”，明确指出发展创新创业教育具有重要的战略意义，这同时也是人才强国战略和服务创新型国家建设的重要举措。

创新创业教育也是高校教育改革发展和人才培养的内涵发展需要。随着高等教育由精英教育向大众化教育的逐步转变，大学不再仅仅是传承和传授知识的场所，更是创新知识、探索新学问的场所，因此人才培养成为高校教育的焦点，这便要求高校需要走内涵式的发展道路，创新创业教育在这种需要下显得尤其重要，它的有效实施关系着高等教育的发展和人才质量的培养，关系着我国未来人才体系和社会健康的持续发展。

创新创业教育也是学生成长的个性化发展需要。随着我国高等教育的大众化，高校在校生人数达到了世界第一，这就必然会导致严峻的就业形势。据教育部统计，2022 年我国研究生毕业生数量达到了 862 165 人，本科生毕业生数量达到了 4 715 658 人。① 很多大学生对高等教育效果的要求不再是仅仅满足于找到一份工作，而是能够实现人生梦想，更希望在大学里能够接受到系统、正规的创新创业教育，未来能成为创业先锋和商界翘楚。因此，创新创业教育体系在一定程度上也正在朝着满足学生个性化需要的方向发展。

三、创新创业体系的构建和实践将更加多样化

在当今快速变化的社会环境中，创新创业已经成为推动经济增长和社会进步的重要引擎。为了培养具有创新精神和创业能力的人才，高校创新创业体系的构建和实践将更加多样化。这种多样化不仅体现在教学内容和方法的多样性上，还包括教育资源的多元化利用、实践活动的丰富多彩及评估机制的多维度考量。通过多样化的构建和实践，高校能够更好地激发学生的创新潜能，培养他们适应未来社会需求的能力。

① 中华人民共和国教育部．各级各类学历教育学生情况[EB/OL]．(2023-12-29) [2023-12-30].http：//www.moe.gov.cn/jyb_sjzl/moe_560/2022/quanguo/202401/t20240110_1099539.html.

首先，多样化的创新创业体系的构建将体现在教学内容的多元化上。传统的创新创业教育往往局限于特定领域或行业，而未来的发展趋势是将创新创业元素融入各个学科和课程。这意味着不仅仅是开设独立的创新创业课程，更要在各个学科中注入创新思维和创业意识。同时，多样化的教学内容还将包括跨学科知识的整合和应用，培养学生的综合能力和创新思维。通过多元化的教学内容设置，高校能够更好地满足不同学生的需求，激发他们的学习兴趣和创新潜力。

其次，多样化的创新创业体系的构建将体现在教学方法的多样性上。教学方法是创新创业教育的重要组成部分，不同的教学方法能够激发学生的不同学习方式和潜能。未来的创新创业教育将探索多种教学方法，包括案例分析、项目驱动、实践探究、团队合作等。通过多样化的教学方法，高校有能力更有效地培育学生的创新思维和团队协作能力，以确保他们能够适应社会中的各岗位需求。

再次，多样化的创新创业体系的构建将体现在教育资源的多元化利用上。教育资源是创新创业教育的重要支撑，多元化利用教育资源能够丰富学生的学习体验和提升教育质量。未来的创新创业教育将充分利用各种教育资源，包括校内资源和校外资源，如行业导师、企业合作伙伴、创新创业基地等。通过多元化利用教育资源，高校能够为学生提供更广阔的学习平台和实践机会，培养他们的实践能力和创新创业精神。

不仅如此，多样化的创新创业体系的构建还将体现在实践活动的丰富多彩上。实践是创新创业教育的重要环节，通过实践活动，学生能够将理论知识转化为实际能力，提升自身的创新创业能力。未来的创新创业教育将丰富实践活动的形式和内容，包括创业比赛、创新项目、实习实训等。高校利用多元化的活动引导学生积极进行实践，从而更好地培养学生的实践能力与团队合作能力，确保他们的创新创业发展之路不会面临较多困难。

最后，多样化的创新创业体系的构建还将体现在评估机制的多维度考量上。评估是教育质量保障的关键环节，多维度的评估能够更全面地了解学生的学习情况和发展状况。未来的创新创业教育将建立科学合理的评估机制，不仅要注重学生的学习成绩，还要考量其创新创业能力、团队合作能力、实践能力等方面。通过多维度的评估，高校能够更好地了解学生的全面素质和能力，为他们提供个性化的成长路径和支持。

综上所述，未来高校创新创业体系的构建和实践将更加多样化，体现在教学内容、教学方法、教育资源利用、实践活动和评估机制等各个方面。通过多样化的构建和实践，高校能够更好地培养具有创新精神和创业能力的优秀人才，为社会经济的可持续发展做出更大的贡献。多样化的创新创业体系将为学生提供更广阔的学习空间和发展机会，激发他们的创新潜能，培养他们适应未来社会需求的能力。

作为教育体系中不可或缺的一环，创新创业教育应当构建一个完整的体系，然而令人遗憾的是，由于我国在创新创业教育方面的发展历程不长，教育体系的建设尚处于不够完善的阶段。另外，创新创业教育的质量评价常常因为相关能力的培养效果并不能够立竿见影地展现出来，所以会在实际操作上表现得不尽如人意，也正因如此，直接导致创新创业教育质量评价成为这一体系中最薄弱的部分。

第三节　我国高校创新创业教育路径的发展方向

自高校开展创新创业教育以来，创新创业路径的选择是高校创新创业教育发展到 2010 年后，当时一些关于创新创业教育的瓶颈问题逐步被提出。第一点，大多数人认为高校对于创新创业教育方面的了解不够深入、具体、准确，很多高校并没有设定足够明确创新创业教育的目标，只是一味地向学生传授创业知识，直接导致相关教育课程过于功利化；第二点，高校的教育工作主要集中在技术创新上，相关院校的教学只重视各类技术的创新和应用转化，并不重视社会创新和创意型创业；第三点，大部分高校对于创新创业教育只重视进行理论知识的传授，并没有进行实习实践，由于资金、人员等条件的限制，当时所创办的创业园并不能对大多数学生开放，将其排斥在创新创业的实践实习之外；第四点，教学上的局限性，当时的创新创业教育并没有形成一个体系，创新创业教材的匮乏使课程在对创新创业教材的选择上有一定的局限性，在教学内容上，虽为同一门课程，但没有统一的教学大纲，不同高校，甚至同一高校的不同授课教师传授给学生的内容也是不同的，这必将会对教学评价提出很大的挑战。

教育教学是培育具有创新创业精神的人才的核心环节，我们必须始终遵循“以学生为中心”的原则，在教育理念、课程设计、实践评价等多个方面进行全面革新，以更好地满足创新型人才的培养需求。

（1）改革教育教学模式

对教育教学模式进行改革是一项关键的步骤，旨在优化创新创业教育的路径，并为创新创业人才的培养奠定坚实的基础。在教育教学改革的过程中，创新创业教育应当着重展现自身所具备的创新教育的核心理念。除此之外，还需要广泛推广通识教育，并在强调学生个性发展的前提下，重视培养学生独立思考的能力和创新发展的精神，进而有效增强他们对经济、社会和政治等多方面问题的了解。另外，各大高校还需要进一步加大对创新创业教材的建设力度。在制订教学计划时，需要始终强调不同学科和专业之间的交融与整合，对课程体系和结构进行进一步优化，进而有效增加学生选课的灵活性。此外，通过案例教学、讨论式教学等多种教学手段，构建一个多层次、立体化的创新创业教育模式。

（2）重视实际操作环节，进而有效促进创新创业人才的培养

在创新创业教育中，实践环节是最大的挑战。所以说，在教学过程中应当考虑到各年级学生的独特表现，有策略、有目标地引导学生参加有针对性的科研活动，从而有效培养并提升他们将所学应用于实践的能力。除此之外，还需要鼓励他们参与由教师负责的各种科研项目、教材和著作的编写等工作当中，使其积累实践经验。除此之外，还需要通过开展各类与创新创业相关的实践活动，使学生能够获得足够的实践机会。我们还应该在实践活动中增加商业和管理实践的比重，鼓励学生更多地参与具体的社会活动，以培养并强化他们的现实感、创新创业意识和社会责任感。

（3）增强创新创业教育的效果，建立一个科学的教学评价体系

在创新创业教育体系中，高校应将“教”“学”和“管”视为相互补充、相互促进的部分，并基于教学态度、教学流程和教学成果等多个维度对教师的教学情况进行评估。值得注意的是，这一科学的教学评价体系不仅包括对最终教学成果的评价，还涉及对教师各教学过程的评价。对于教师来说，他们能够积极利用这些评价结果来发现和弥补自己在教学中的不足，确定自己的优势并加以保持，发现自己的短处并加以弥补。在实际的教学过程中，教师需要对学生的学习效果进行全面评估，不仅要关心学生对知识的掌握程度，还要深入研究学生的创新能力在各个领域的发展，并构建一个多元化且开放的评价标准体系。高校应该赋予各个院（系）更多的决策自主权，将硬性的管理方式转变为更为灵活的管理方式，并充分利用院（系）在教学管理方面的优势。

（4）严格落实各项政策，为学生的创新创业活动提供坚实的保障

各大高校应当积极执行《教育部关于贯彻落实〈中共中央、国务院关于加强技术创新，发展高科技，实现产业化的决定〉的若干意见》等各类与之相关的文件政策，并基于相关政策要求，支持大学生创新创业，尽其所能为学生提供必要的支持，确保他们的创新创业之路畅通无阻，并努力帮助他们建立更广泛的社会联系。此外，还应鼓励科技园区、投资公司和科技公司为一些已经相对成熟的学

生创业项目提供必要的资金支持，并为这些创业者提供指导，高校应当为学生的创新创业活动提供坚实的后盾保障。

（5）努力促使高校、政府和企业联合起来，为学生的创新创业活动提供必要的机制支持

政府相关部门应当对大学生的创新创业政策和外部环境进行优化，加强知识产权的管理和法律保护，并推出相应的资金支持政策。除此之外，还应该积极地与高校合作，引导高校在教育教学模式上进行创新改革，从而共同构建一个与社会经济增长情况相匹配的创新创业培训及支持体系。对于企业来说，更应当充分利用其资金和人才，设立与之匹配的基金项目，并派出专业人员为学生提供指导与培训。同时，企业还需要加强与高校的科研合作，确定订单式培养的合作方案。

在我国，高校的转型和发展构成了培养技术技能型人才的一个关键。从当前的角度看，我国高校在创新创业教育方面的进展主要集中在高校的主体运作、技能培训和实际训练这三个方向。值得注意的是，它们各自强调不同的重点，并且存在各自的不足。现阶段，我国的高校应当抓住转型发展的有利时机，学习和借鉴发达国家在创新创业教育方面的成功经验，以便不断优化教育路径，并且不断强化我国创新创业教育的实际效果。除此之外，还需要为大学生的创新创业创造一个有着良好影响的文化环境。值得注意的是，尽管现阶段我国社会经济发展的关键动力和战略支柱是创新创业，然而目前我国的一些高校在办学上与社会的发展需求脱节，人才培养模式与产业发展的实际情况严重不匹配。毫不夸张地说，高校为了更好地实现人才培养目标，并进一步深化自身教育教学改革，就需要有效落实创新创业教育。在现代高等教育的背景下，全方位地深入推进创新创业教育，培养并强化大学生的创新创业意识与能力，已经成为我国各大高校普遍认同的创新创业教育新理念。然而，我们必须明确的是，要实现这一目标，我们就必须为学生营造一个鼓励创新创业的氛围与环境。在这一背景下，创新创业的环境以一种隐性且持久的方式来约束和塑造人们的思维和行为模式。所有的教育活动，其核心都是文化的体现，都与深厚的文化背景紧密相连。

当我国的经济社会达到某个发展阶段的时候，创新创业文化便成为社会文化层面上的必然选择。为了激发大学生的工作热情，我们需要先打破其旧有的思维模式，转变他们“创业不如找工作”的观念。要想实现这一目标，在教育教学当中，高校就需要向大学生灌输一个观念，即风险与回报是正相关的，并激励大学生勇于面对风险和进行探索。为了更好地激励大学生进行创新创业，我国的各级政府出台了各类政策，以帮助大学生解决创业中可能会遇到的各种问题。在开展创新

创业的教育过程中，教师不但要向大学生普及相关的政策，而且需要着重教导学生怎样合理利用政府支持，以期有效减少创业中会面临的风险，由此也能够有效激发大学生的创业热情。对于各大高校而言，可以组织各式各样的创新创业活动，使大学生在参与过程中深刻体会创业的快乐，并激发他们对于创业的兴趣。

第四节　我国高校创新创业教育模式的发展方向

创新是创业的本质。一个企业只有在不断快速有效地创新，以及开发更加便利、有效、便宜的新产品上超越了竞争对手，这个企业才能赚取更多的利润，立足不败之地。创新来自人，来自拥有创新能力的人，而拥有创新能力的人只有通过教育才能培养出来。目前，国内外都在探索培养创新创业人才的模式。其中，国外尤其是欧美高校在这方面进行了卓有成效的尝试，取得了非常大的成功；国内高校也正在进行各种模式的尝试促进创新创业人才的培养。

在现有创新创业模式的基础上，进一步努力探索和建立创新创业教育新模式，将为我国全面提升高等教育质量和现代化水平，建设新型创业型大学、构建创新创业教育良性生态系统，培养各方面创新创业人才起到不可估量的作用。创新创业教育新模式的发展可以从以下几个方面进行尝试。

一、推动创业型大学建设

建设创新型大学的目的是培养创新人才，为企业输出高质量的人才队伍，来提高产品的科技含量，从而增强国家和地区竞争力，以及国家和民族的创新创业精神，增强国家或地区的科技成果转化能力，促进其经济发展，同时也为传统大学的精神面貌注入新的元素。推动创业型大学可以从以下几个方面进行。

（一）整合多种教育理念

创业型大学需要对现有教育理念进行改革，整合传统的专业教育、创新创业教育和素质教育等多种教育理念，形成一种真正能够解决当代大学生自谋职业、灵活就业和自主创业问题的新教育理念。创业型大学还要充分开设包含创新创业资源的各类专业课程，聘用具有丰富经验的创新创业人才为教师，在教授知识的过程中积极合理地融入创新创业元素，引导学生发现和识别创新创业机会，培养学生的创新创业意识和精神；在教学和实践中，更加注重实际问题与需要的创新创业解决方案，并建设专业教研室、实验室、虚拟仿真实验室、图书馆等公共资源与创新创业实践新平台，为有创业兴趣的学生提供一个良好的演练平台。

（二）推进“创新创业学”学科建设

“创新创业学”目前尚未有完整的定义，但该学科的主要内容应该针对创新创业的整个流程和方法进行系统研究。高校等有关部门应积极探索创新创业教育的内容、形式、目的及评价体系，推动“创新创业学”快速稳步建设，并最终形成一套完整的、科学的创新创业教育体系。该学科建设可以从以下几个方面进行：联合政府、行业、企业和高校等共同培养优秀创新创业人才新机制，多举行创新创业专题培训班，创业沙龙交流，并为有兴趣创业的学生提供合理的个性化培养方案，提供必要的资金和政策支持；对已经开始创业实践的学生，提供必要的法律、企业管理咨询等服务，并引进一批优秀的创新创业课程，如慕课、视频公开课等；结合高校传统优秀学科，促进本学科和“创新创业学”之间的深度交叉，在优势互补中凝练创业项目，培养创业队伍。

二、构筑创新创业教育生态体系

（一）形成创新创业教育良性循环系统

创新创业教育良性循环系统的建设，可以围绕以下几个方面进行：在高校环境中，我们可以根据大学生的年级、专业等方面的不同，深入探讨从创业意识到创业实践，再到创业指导，最终创业孵化这一完整的创业成长路径；尽力整合政府、企业、高校、家庭和学生的各种资源，以构建一个“投资孵化—吸收项目”和“人才—项目投资”或“转让—获取成果”“人才和收益—再投资孵化”创业生态链，从而形成一个利益驱动的机制，在各方参与中，实现利益共享的正向循环。建设创新创业教育良心循环系统的最终目标是建立一个完善的、以提高学生综合素养与创新创业技能水平为根本目的的生态系统，完全融入行业的发展和建设中，为地方经济发展提供服务，扩大地方和企业的合作范围，加速产学研基地的建设，积极促进科技成果的成功转化，从而促使大学生的创新创业活动得到更加高效有序的落实。

（二）融创新、创意、创业为一体

针对创业教育，从培养创新创业人才为出发点，积极开展有针对性的、多样化的课程，努力引进有创业经历、经验丰富的创业者作为导师，对学生进行授课和引导，积极促进教学方法和方式实现创新改革；为学生提供创业培训，激励学生进行自主训练；引导学生参与各种创业实践活动，帮助学生树立积极向上的理想追求和价值观，强化他们的创新创业能力，为其营造一个正向的创新创业环境。

（三）搭建跨境电商创新创业人才培养平台

伴随着互联网、大数据及物联网等各个方面的飞速发展，其与经济社会有着越来越紧密的联系，整个社会也因此出现了翻天覆地的变化。在当前的社会经济环境下，创业者能够从更多的渠道获取创业资金支持。此外，伴随着近年来无国界校园的普及，以及全球化创业者及全球化企业的大规模扩张，催生了众多的跨境电商。

伴随着跨境电商与传统制造行业的深度整合，有效促进了全球的扁平化进程，为公共产品和服务的提供注入了新的活力，也进一步促进了经济增长。在这样的大背景之下，对于那些致力于创新创业的人来说，为了获得成功，就需要不断培养并提升自身的全球化的能力。高校应致力于培养具有全球视野的创业者，并努力转型为全球化企业，充分利用全球化的资源，为全球市场提供高质量的产品，同时努力将自身所拥有的校园资源拓展出去。拥有足够数量的高质量创新创业思维的人才，是积极推动中国电商产业发展的关键，也是催生更多具有国际经贸视野创新创业企业的基础。针对这种情况，国家层面和社会层面正在进行大力改革和尝试。

三、构建依托学科竞赛的创新创业教育模式

作为一种重要的学生活动形式，学科竞赛不仅可以促进学生学科知识的掌握和应用，还可以培养学生的创新能力、团队合作精神和实践能力。在创新创业教育领域，依托学科竞赛的创新创业教育模式逐渐受到高校的重视和推崇。这种模式通过将创新创业元素融入学科竞赛活动中，为学生提供了一个锻炼创新创业能力的平台，对培养创新创业人才具有积极的促进作用。

首先，依托学科竞赛的创新创业教育模式可以激发学生的创新潜能。学科竞赛通常要求学生在特定的主题或问题上进行创新性的研究和实践，这对学生的创新思维和创造能力提出了挑战。参与学科竞赛的过程中，学生需要思考和解决实际问题，寻找创新的解决方案，培养了他们的创新意识和能力。此外，学科竞赛的评审和评价机制也会进一步激发学生的积极性和创造力，促使他们在创新创业领域中不断追求卓越。

其次，利用学科竞赛这种创新创业教育方式，能够有效地培育学生的创业思维，并提升其实践技能水平。创新创业不仅仅是理论知识的学习，更需要学生具备实际操作和实践经验。学科竞赛提供了一个实践的平台，学生可以通过参与竞赛来了解创业过程、体验创业挑战，并通过实际操作来培养创业能力。在竞赛中，学生需要进行项目策划、资源整合、团队协作等一系列创业活动，这些经历可以帮助他们更好地理解和掌握创业过程中的各个环节，为将来的创业实践做好准备。

最后，依托学科竞赛的创新创业教育模式还能够促进创新创业教育的全面发展。作为一种集中展示和交流创新成果的平台，学科竞赛吸引了大量的学生和教师参与其中。通过竞赛的组织和推广，可以促进创新创业教育理念的传播和推广，激发更多学生的创新创业热情。此外，学科竞赛能够强化高校与企业、科研机构之间的合作关系，使学生能够借助紧密的校企合作关系，获得实践机会和资源支持，从而有效促进创新创业教育的发展。

对于高校教学改革来说，不管是现在还是未来，创新创业教育都是至关重要的一环。我们应该积极地推进创业型大学的建设，打造一个健康的创新创业教育生态系统，为跨境电商创新创业人才提供一个良好的培养环境，并有效促进其成长。这些措施不仅可以极大地改变我国现有的创新创业模式，为社会带来福祉，还可以进一步实现教育教学的深化改革，推动高校教育理念的更新和进步。

第五节　我国高校创新创业教育未来发展的相关建议

在创新创业过程中，针对以上提出的目前我国创新创业发展中所存在的问题，笔者给出了以下解决对策。

一、深化创新创业教育理念

在当今快速变化的社会和经济环境下，创新创业教育在高校中的地位和作用越来越重要。然而，要实现创新创业教育的可持续发展和提升，仅仅依靠表面的改革和政策支持是远远不够的。深化创新创业教育理念，从根本上转变教育方式、培养模式和人才培养目标，是我国高校创新创业教育未来发展的关键所在。只有在理念层面进行深化，才能真正实现创新创业教育的全面提升和质的飞跃。

首先，深化创新创业教育理念需要强调创新精神和创业意识的培养。创新创业教育不仅仅是传授知识和技能，更重要的是培养学生的创新精神和创业意识。

未来的创新创业教育应该注重激发学生的创新潜能，培养他们的创新思维和创新能力，引导他们勇于挑战传统、勇于探索未知，培养他们具备创业意识和创业能力，使他们具备在不断变化的社会环境中应对挑战的能力。

其次，深化创新创业教育理念需要强调跨学科融合和跨界合作。创新创业往往需要多学科的知识和技能相互融合，需要不同领域的专家和人才之间的合作与交流。未来的创新创业教育应该打破学科的壁垒，促进不同学科之间的交流与合作，搭建跨学科的创新平台，培养具备跨界合作能力的创新人才，让他们能够在跨学科、跨领域的创新实践中脱颖而出。

再次，深化创新创业教育理念需要强调实践与体验的结合。创新创业教育的核心目标在于强化学生的实践能力和创业能力，因此在创新创业教育当中，需要重点关注理论与实践的融合，通过项目实践、实习实训等方式，让学生亲身参与创新创业的过程，提升他们的实践能力和解决问题的能力，培养他们具备创业胆识和实践能力，使他们能够在真实的创业环境中快速成长。

最后，深化创新创业教育理念还需要强调全员参与和全方位支持。创新创业教育不仅是教师和学生的事，还需要全校师生共同参与和全方位支持。未来的创新创业教育应该建立起全员参与的机制，让教师、学生、企业、政府等各方共同参与创新创业教育的过程，形成合力，共同推动创新创业教育的发展。同时，还需要提供全方位的支持，包括政策支持、资源支持、平台支持等，为创新创业教育的深化提供有力保障。

总的来说，深化创新创业教育理念是我国高校创新创业教育未来发展的关键所在。只有在理念层面进行深化，才能真正实现创新创业教育的全面提升和质的飞跃。未来，我们需要重视创新创业教育的本质，注重培养学生的创新精神和创业意识，推动跨学科融合和跨界合作，强调实践与体验的结合，全员参与和全方位支持，共同努力打造具有国际竞争力的创新人才队伍，为我国创新创业事业的蓬勃发展贡献力量。

二、建设“双师型”的教师队伍

首先，建设“双师型”的教师队伍需要重视教师的学术造诣。高校创新创业教育的教师应该具备扎实的学术基础和丰富的学科知识，能够为学生提供全面的理论指导。他们应该不断深化学科研究，跟踪行业发展动态，不断更新知识储备，以应对快速变化的社会需求。只有具备优秀的学术素养，教师才能在创新创业教育领域中引领学生，帮助他们掌握最新的学术成果和发展趋势。

其次，建设“双师型”的教师队伍需要注重教师的实践能力。除了学术造诣，高校创新创业教育的教师还应该具备丰富的实践经验和技能。他们应该在创新创业领域有着深厚的实践背景，能够将理论知识与实际操作相结合，为学生提供实践指导和支持。这种“双师型”教师不仅能够传授知识，还能够引导学生探索和实践，培养学生的创新意识和实践能力。通过教师的实践示范和指导，学生能够更好地应用所学知识，提升综合素质。

再次，建设“双师型”的教师队伍需要重视教师的终身学习和发展。高校创新创业教育的教师应该具备持续学习的精神，不断提升个人素质和专业能力。他们应该积极参与学术研究、学科交流、教学改革等活动，不断拓展学术视野，更新教学理念，提高教学水平。同时，教师还应该关注行业发展趋势，不断学习新知识、新技术，保持与时俱进。只有不断学习和进步，教师才能更好地适应高校创新创业教育的需求，为学生提供更优质的教育服务。

最后，建设“双师型”的教师队伍还需要注重教师之间的合作与交流。高校应该建立良好的教师团队合作机制，鼓励教师之间相互学习、相互促进，共同探讨教学方法和教学经验，共同研究学科前沿问题，共同推动高校创新创业教育事业的发展。教师之间的合作与交流可以促进教学质量的提升，激发创新创业教育的活力，为学生提供更丰富的学习资源和支持。

在教育改革和教学改革的浪潮下，稳定“双师型”教师队伍是创新创业教育的重要事宜，针对此类教师队伍，高校应科学管理、积极培训、重点引入。选取个人学术造诣水平较高，实践操作能力强的优秀青年教师（具有一定企业经验的可列为重点引入对象），或者派现有教师到企业等相关部门进行培训，保证“双师型”教师队伍的水平提升、结构优化，才能充分确保师资队伍的高效稳定。

三、构建合理的创新创业课程体系

在构建高校创新创业教育体系时，应重点考虑以下几个关键因素。

（一）开设创新创业课程，建立创新创业课程体系

为了促进创新创业教育更好地发展，我国高校需要开设创新创业课程，建立起完善的创新创业课程体系。通过开设多样化的创新创业课程，可以为学生提供全方位的知识和技能培养，帮助他们更好地适应未来社会的挑战和机遇。因此，建立创新创业课程体系将成为我国高校创新创业教育发展的关键所在。

首先，开设创新创业课程可以满足学生多样化的学习需求。不同学生有不同

的兴趣爱好、专业背景和发展方向，他们对创新创业的理解和需求也各不相同。通过开设多样化的创新创业课程，可以满足学生不同层次、不同领域的学习需求，帮助他们更好地发掘自己的潜能，拓展自己的视野，实现个性化的学习和发展。有些学生可能对科技创新感兴趣，可以选择开设科技创新课程；有些学生可能对社会创业感兴趣，可以选择开设社会创业课程。多样化课程设置可以激发学生的学习热情，提高他们的学习积极性，促进他们全面发展。

其次，开设创新创业课程可以促进学科交叉与融合。创新创业往往需要多学科的知识和技能相互融合，需要不同领域的专家和人才之间的合作与交流。通过开设跨学科的创新创业课程，可以打破学科的壁垒，促进不同学科之间的交流与合作，培养具备跨界合作能力的创新人才。学生在学习跨学科的创新创业课程时，可以接触到不同学科的知识和理念，拓展自己的学术视野，培养综合分析和解决问题的能力。这样的学科交叉与融合有助于培养具有全球视野和国际竞争力的创新人才，为他们未来的创新创业之路打下坚实基础。

再次，开设创新创业课程可以提升教师的教学水平和专业素养。教师是创新创业教育的重要推动力量，他们的教学水平和专业素养直接影响学生成长和发展。教师可以在创新创业课程的设计和教学过程中，持续完善自身教学理念，强化自身教学能力，使学生能够享有更高质量的教育服务。同时，教师还可以积累实践经验，拓展教学领域，提高自身的创新创业素养，为学生树立榜样。通过不断提升教师的教学水平和专业素养，可以提高创新创业课程的教学质量和实效性，为学生提供更加优质的教育资源和服务。

最后，开设创新创业课程还可以促进高校与企业、社会资源的深度合作。创新创业教育需要与实际产业和市场相结合，只有这样，我们才能更有效地培育出有着优秀实战技能的专业人才。通过引入创新创业的课程，高校可以与企业建立合作关系，共同开展创新创业项目，实现教育资源和产业资源的有机融合。企业可以为学生提供实践机会和创业资源，学生可以借助企业的平台和资源进行实践，实现高校、企业、学生的三方共赢。这种深度合作不仅可以促进创新创业教育的实效性和实践性，还可以为学生提供更广阔的发展空间和就业机会。

总之，开设创新创业课程，建立创新创业课程体系是我国高校创新创业教育未来发展的关键所在。这样的课程设置不仅可以满足学生多样化的学习需求，促进学科交叉与融合，提升教师的教学水平和专业素养，还可以促进高校与企业、社会资源的深度合作。未来，我们需要加大对创新创业课程的建设和支持力度，不断完善课程设置和教学内容，为学生提供更加优质的教育资源和服务，助力他们成长为具有创新精神和创业能力的优秀人才，为我国创新创业事业的蓬勃发展做出积极贡献。

（二）构建创新创业教育实践平台

为了有效培养具有创新精神和创业能力的人才，我国高校创新创业教育需要构建创新创业教育实践平台。这样的平台不仅可以为学生提供实践机会和创业资源，还能促进高校与企业、社会资源的深度融合，推动创新创业教育的全面发展。因此，构建创新创业教育实践平台将成为我国高校创新创业教育发展的关键所在。

首先，构建创新创业教育实践平台可以为学生提供更丰富的实践机会。创新创业教育的核心在于实践，只有让学生亲身参与创新创业的实践，才能真正培养他们的创新能力和创业精神。通过构建实践平台，学生可以参与创新项目、创业比赛、实习实训等活动，积累实践经验，锻炼解决问题的能力，提升自身的竞争力。这样的实践机会不仅可以帮助学生更好地理解理论知识，还可以进一步强化他们的实践能力和团队协作精神，有效促进其创新创业发展。

其次，构建创新创业教育实践平台可以促进高校与企业、社会资源的深度融合。创新创业教育需要与实际产业和市场相结合，才能更好地培养具有实战能力的人才。通过构建实践平台，高校可以与企业建立合作关系，共同开展创新创业项目，实现教育资源和产业资源的有机融合。企业可以为学生提供实践机会和创业资源，学生可以借助企业的平台和资源进行实践，实现高校、企业、学生的三方共赢。这种深度融合不仅可以促进创新创业教育的实效性和实践性，还可以为学生提供更广阔的发展空间和就业机会。

再次，构建创新创业教育实践平台可以促进创新创业文化氛围的营造。创新创业教育不仅仅是传授知识和技能，更重要的是塑造学生的创新创业意识和价值观。通过构建实践平台，高校可以营造积极向上的创新创业文化氛围，倡导创新思维和创业精神，激励学生勇于探索、敢于创新。学生在这样的文化氛围中成长，会更加乐观积极、勇于拼搏，具备迎接挑战的勇气和信心。这样的文化氛围不仅可以激发学生的创新创业潜能，还可以为整个社会注入创新创业的活力和动力。

最后，构建创新创业教育实践平台还可以促进教师专业素养的发展和教学水平的提升。教师是创新创业教育的重要推动力量，他们的专业素养和教学水平直接影响着学生的成长和发展。通过参与实践平台的建设和运营，教师可以不断积累实践经验、更新教学理念、提升教学能力，为学生提供更加优质的教育服务。同时，教师也可以与企业、社会资源深度合作，拓展自己的视野，不断提高自身的创新创业素养，为学生树立榜样。

总的来说，构建创新创业教育实践平台是我国高校创新创业教育未来发展的关键所在。这样的平台不仅可以为学生提供更丰富的实践机会，促进高校与企业、社会资源的深度融合，推动创新创业文化的营造，还可以促进教师专业素养的发展和教学水平的提升。未来，我们需要加大对创新创业教育实践平台的建设和支持力度，不断完善平台功能和服务，为学生提供更加优质的实践体验和创业资源，助力他们成长为具有创新精神和创业能力的优秀人才，为我国创新创业事业的蓬勃发展做出积极贡献。

四、建立合理的创新创业效果评估机制

当前，我国高校创新创业教育正处于蓬勃发展的阶段，但要实现高校创新创业教育的可持续发展和教育质量的提升，仅仅依靠课程设置和教学方法是远远不够的。建立合理的创新创业效果评估机制，对于促进高校创新创业教育的质量提升、效果评估和持续改进至关重要。

首先，建立合理的创新创业效果评估机制可以帮助高校更好地了解教育教学的实际效果。通过对学生在创新创业教育中所取得的成果、能力提升和实践效果进行评估，可以客观地了解教育教学的有效性和实际效果。这不仅有助于高校及时发现教学中存在的问题和不足，还可以为高校提供科学依据，指导教育教学的改进和优化，提高教育质量和教学效果。

其次，建立合理的创新创业效果评估机制可以促进高校创新创业教育的内在动力和外部认可。在开展创新创业教育时，高校需要不断激发学生的学习积极性和创新创业意识，培养学生的创新创业能力和实践能力。通过建立创新创业效果评估机制，可以为学生提供明确的学习目标和评价标准，激励他们不断提升自身的创新创业能力。同时，外部认可和评估机制也可以促使高校更加重视创新创业教育的质量和效果，提高教育教学的水平和竞争力，为高校的可持续发展提供有力支撑。

再次，建立合理的创新创业效果评估机制可以促进高校与社会产业的深度合作和互动。通过建立创新创业效果评估机制，可以及时了解学生的创新创业能力和实践效果，为社会产业提供优质的人才资源。同时，社会产业的参与和评估也可以为高校提供实践机会和资源支持，促进高校与社会产业的深度合作和互动，实现教育教学与社会需求的有机结合。

最后，建立合理的创新创业效果评估机制还可以促进高校创新创业教育的国际化和提升国际竞争力。随着全球化的发展，高校之间的竞争也越来越激烈，如何提升高校的国际竞争力成为当前高校发展的重要课题。建立创新创业效果评估机制，可以帮助高校更好地了解国际创新创业教育的发展趋势和标准，提高高校的国际化水平和国际竞争力。同时，国际评估和认证也可以为高校的创新创业教育提供更广阔的发展空间和合作机会，推动高校与国际教育机构的深度合作和交流，共同推动创新创业教育的发展。

总的来说，建立合理的创新创业效果评估机制对于我国高校创新创业教育的未来发展至关重要。未来，我们需要加大对创新创业效果评估机制的研究和建设力度，建立科学、客观、公正的评估体系，为高校创新创业教育的可持续发展提供有力支持，助力我国高校培养更多具有创新创业能力的优秀人才，为社会经济的可持续发展做出积极贡献。

五、加大各界的支持力度

要实现高校创新创业教育的可持续发展和提升，需要加大各界的支持力度。展望未来，我国高校在创新创业教育方面需要得到更广泛的支持，也需要各方积极参与，以共同推进这一领域向更高层次发展。

第一，政府在高校创新创业教育领域发挥着关键作用。政府应该加大对高校创新创业教育的政策支持和投入力度，制定更加完善的政策体系，为高校提供更多的政策倾斜和资金支持。政府也能够加深与高校合作，深化创新创业教育发展，积极转化科技成果，并加以有效应用，拓展高校的创新创业教育发展空间。

第二，企业在高校的创新创业教育中扮演着关键角色。企业有能力为高校提供包括实践机会、技术指导在内的多种帮助，以协助学生更有效地将他们的理论知识融入实际操作过程中。与此同时，企业有机会与高校进行产学研的深度合作，携手推进创新项目，进一步推动科技成果向产业化和商业化方向发展。通过与各大企业的紧密合作，高校能够更深入地洞察行业的实际需求，从而调整其教育策略，并培育出更能满足市场要求的专业人才。

第三，社会组织在高校创新创业教育中扮演着重要角色。各类社会组织可以为高校提供资源共享、人才培训、项目合作等支持，丰富高校创新创业教育内容，拓展学生的实践机会。同时，社会组织也可以为高校搭建交流平台，促进高校与社会各界的合作与交流，推动创新创业教育的深入发展。社会组织的参与可以丰富高校创新创业教育的内涵，提升教育质量，为学生提供更多发展机会。

第四，个人在高校创新创业教育中也扮演着重要角色。作为学生、教师或校友，个人可以通过积极参与创新创业活动、分享经验和资源、提供支持和鼓励等方式，为高校创新创业教育注入新的活力和动力。个人的参与不仅可以促进高校创新创业教育的发展，还可以帮助个人提升能力、拓展视野，实现自身的成长与发展。

现阶段，我国各大高校的创新创业教育尚处于发展完善当中，存在诸多问题。因此，高校需要构建一个全面且合理的创新创业教育体系和一套有效的创新创业效果评估机制，还需要培养一批能满足创新创业需求的专业教师，使创新创业教育可以被纳入人才培养体系中。

参考文献

[1] 马永霞，等．创新创业教育 [M]. 北京：北京理工大学出版社，2022.

[2] 郭秀晶．我国高校创新创业教育政策评估研究 [M]. 北京：经济日报出版社，2022.

[3] 郑楠，闫贤贤，黄卓．大学生创新创业教育 [M]. 北京：北京理工大学出版社，2018.

[4] 沈名杰．创新创业教育与创意素描课程教学的融合探索 [M]. 北京：中国纺织出版社，2019.

[5] 陈虹．大学创新创业教育 [M]. 北京：文化发展出版社，2020.

[6] 彭贞蓉，彭翔．创新创业教育基础与实战技巧 [M]. 重庆：重庆大学出版社，2022.

[7] 万生新，姬建锋．大学生创新创业教育 [M]. 西安：陕西人民出版社，2019.

[8] 宋建卫，魏金普，杨洪瑞．大学生创新与创业教育 [M]. 北京：北京理工大学出版社，2021.

[9] 郝清杰．高校创新创业教育实践若干问题观察报告 [M]. 北京：北京理工大学出版社，2020.

[10] 王文平，李静，孙班军．当代大学生创新创业教育方法教程 [M]. 北京：现代教育出版社，2010.

[11] 李季，高茜．基于创新创业教育的高校继续教育改革对策 [J]. 继续教育研究，2023（12）：6–10.

[12] 张睿．“三全育人”理念下高校创新创业教育的问题与对策 [J]. 大学，2023（31）：161–164.

[13] 李芳．专创融合背景下高校人才培养策略研究 [J]. 黑龙江科学，2023，14（19）：88–91.

[14] 林盛光．“双创”背景下的高校创新创业教育 [J]. 山西财经大学学报，2023，

45（增刊 2）：107−109.

[15] 顾雨辰 ."互联网 +"视角下高校创新创业教育优化路径探析 [J]. 投资与创业，2023，34（19）：19−21.

[16] 杨梦飞 . 高校研究生创新创业教育课程体系建设研究 [J]. 济南职业学院学报，2023（4）：42−46.

[17] 冯晓，马腾飞 . 新时期高校创业教育国际化思考 [J]. 创新创业理论研究与实践，2023，6（15）：76−79.

[18] 杨晓慧 . 我国高校创业教育与创新型人才培养研究 [J]. 中国高教研究，2015（1）：39−44.

[19] 张鹤 . 高校创新创业教育研究：机制、路径、模式 [J]. 国家教育行政学院学报，2014（10）：28−32.

[20] 胡桃，沈莉 . 国外创新创业教育模式对我国高校的启示 [J]. 中国大学教学，2013（2）：91−94.

[21] 罗兰 . 高校创新创业教育评价体系构建策略研究 [D]. 长春：东北师范大学，2019.

[22] 魏旭 . 山东省高校在校大学生的创新创业教育探究 [D]. 济南：山东建筑大学，2017.

[23] 商慧 . 高校创新创业教育模式研究：以南京财经大学为例 [D]. 南京：南京理工大学，2017.

[24] 杨伟伟 . 高校"广谱式"创新创业教育研究 [D]. 上海：华东理工大学，2017.

[25] 宋之帅 . 工科高校创新创业教育模式研究 [D]. 合肥：合肥工业大学，2016.

[26] 许德涛 . 大学生创新创业教育研究 [D]. 济南：山东大学，2013.

[27] 张鸽 . 高校创新创业教育及课程研究：以陕西省高校为例 [D]. 西安：西安电子科技大学，2013.

[28] 阚婧 . 我国高校创新创业教育的实践探索：以大连理工大学创新创业教育基地为例 [D]. 大连：大连理工大学，2011.

[29] 王兰 . 高校计算机专业学生创新创业教育模式研究 [D]. 成都：西南交通大学，2012.

[30] 李洁瑶 . 高校创新创业教育的路径探究 [D]. 长春：长春工业大学，2012.

结　语

高校创新创业教育的改革与发展是高等教育的重要任务之一。高校应当重视创新创业教育，加强教师队伍建设，完善课程设置和教学方法，为学生提供全面的创新创业教育。同时，为了适应时代的发展变迁，高校创新创业教育需要不断的进行改革创新。政府在创新创业教育改革中发挥着重要作用，应加大对高校创新创业教育的政策支持和资金投入，鼓励高校开展创新创业教育实践和科技成果转化。同时，政府还应加强与高校、企业和社会组织的合作，搭建交流平台，促进创新创业资源的共享和合作，为高校创新创业教育提供更广阔的发展空间。此外，高校创新创业教育改革与发展还需要与社会、产业和企业等各方面密切合作。高校应当主动与社会各领域建立紧密的合作伙伴关系，推动校企的合作，实现产学研的深度融合，以便为学生创造更多的创新创业实践机会，同时提供必要的资源支持。高校也应该关注社会的需求和变化，及时调整创新创业教育的内容和方式，使之与时俱进。此外，高校创新创业教育改革与发展需要注重评估和质量保证，评估可以帮助高校了解创新创业教育的效果和问题，及时进行调整和改进；质量保证可以提高创新创业教育的水平和影响力，确保学生能够真正受益于创新创业教育的实践和培养。

总的来说，高校创新创业教育改革与发展是一个需要高校、政府和社会各界共同参与的任务。通过各方的共同努力，不断探索和实践，我们可以不断改进和完善高校创新创业教育的内容和方式，为学生提供更好的创新创业教育，为社会经济的创新和发展做出更大的贡献。只有各方通力合作，形成合力，才能推动高校创新创业教育事业持续向前发展，为培养更多具有创新精神和实践能力的优秀人才做出更大的贡献。